評定に基づく真の評価を目指して

教育評価の原理

石田恒好
［著］

図書文化

まえがき

　わが国の教育評価の権威，橋本重治先生が主宰される研究グループの末席で学び，「わが国の教育評価は，意義，手順，体系がおよそ確立している」と確信できた。したがって，海外から「新しい評価」としての紹介があるたびに，「根本から一新するほどのものではない，部分の改善策の提唱である」と受け止め，私の中で確立している意義，手順，体系に取り込み，改善，整備を常に心がけてきた。

　例えば，診断的評価，形成的評価，総括的評価は，指導・学習の過程で，事前，途中，終わりに，ていねいに行う評価，指導と評価の一体化を実現できる提唱と受け止め，取り込む，といったようにである。

　私なりの確信がぐらついたのは，続有恒先生の「評定あって評価なし」という，評価の実情を嘆く言葉であった。「テストを行い，採点をし，結果を5とかBとかで表示するのは（点数式）評定をしたのであるが，評価をしたと思う教師がほとんどである。それを資料として教育（指導，学習，管理・運営）が目標実現のために機能しているかを評価（値ぶみ，点検，反省，改善）するのが本来の評価なのに，それをまったくしていない」「評定を資料として教育を評価し，未習があれば，改善した教育をし直して，目標の実現を果たす，真の評価をしてほしい」という嘆きと願いである。

　「評定」をして「評価」をしたと誤解する原因は，用字・用語の問題と考え，正す努力をした学者はいる。本来の教育を評価する「評価」を「広い意味の評価」，測定・表示を示す「評価」を「狭い意味の評価」と区別したり，「絶対評価」を「絶対的解釈」としたりといったようにである。前者は両方に「評価」を用いたので誤解を正せず，後者も普及徹底できなかった。私は，「絶対評価」を「絶対的表示」としたらと考えたが，指導要録の欄はほとんど，表示の仕方の一つ「評定」なので，思

い切って「絶対評定」として，実体を正確に表している「評定」を用いてみた。共鳴する教師も多く，効果が現れてきていた。

そこへ，「アセスメント」の登場である。「アセスメント」は，PISAのAがそれで，調査と訳されているように，測定・表示・資料収集のことである。例えば，「パフォーマンス・アセスメント」は，知識や技能が生活で使える確かな学力になっているかは，生活課題解決場面で活用させ，実行させて測定すれば正確に測定できるという提唱である。評価論ではなく，明らかに測定論である。「パフォーマンス評価」と紹介するのではなく，「実行・測定」とでも訳して正確に紹介すべきであった。「アセスメント」は，「エバリュエーション」とは違うことを明確に示すために，別の言葉をわざわざ用いたと思われるが，それに同じ「評価」の訳語を充てるのは，せっかくの苦心の配慮を無にするものである。アセスメントにかかわる専門用語だけでなく，海外での提唱を紹介するときには，わが国で用いられている専門用語でほぼ間に合うので，実体を表しているものを選んで用いてほしいものである。さもないと，「評定あって評価なし」と同じ意味で，「アセスメントあって，エバリュエーションなし」の状況をもたらし，心ある学者を嘆かせることになろう。

この危機感から，実体を正確に表す用字・用語で，すでに確立しているわが国の教育評価の概説をすべきであると刊行を急ぐことにしたのが本書である。全体を通して用字・用語を正確に行うのは大変で，途中，何度も挫折しそうになったが，図書文化社の村主典英社長と水野昇出版部長の励ましで，何とかやり遂げることができた。心から感謝，感謝である。なお，大変な仕事であっただけに，浅くて粗いものになってしまった感は否めない。みなさんのご指摘，ご叱声で，よりよいものに仕上げ，教育評価を正しく普及する一助にでもなれば幸いである。

平成24年7月

著者しるす

教育評価の原理

目　次

第1章　教育評価の意義 ……………………………………………………………… 9
- **1** 教育と教育評価　9
- **2** 教育評価の目的　12
- **3** 教育評価の現状と本来の姿　15
- ■小事典　20

　科挙／教育測定運動（客観的測定時代へ）／八年研究（評価時代へ）／エバリュエーション（教育評価）／アセスメント（測定・表示：資料収集）

第2章　教育評価の手順 …………………………………………………………… 22
- **1** 目的の確認　22
- **2** 測定目標の設定　22
- **3** 資料の収集（アセスメント）　24
- **4** 資料の保存・管理・活用　32
- ■小事典　36

　基準と規準／目標基準と集団基準と個人（内）基準／完全習得学習／教育目標と測定目標／方向目標と行動目標／学力と学力構造／妥当性／信頼性

第3章　測定技術1
　　　　観察法・面接法・質問紙法 ……………………………………………… 43
- **1** 観察法　43
- **2** 観察法の記録の仕方　44
- **3** 面接法　46
- **4** 質問紙法　47
- ■小事典　48

　光背効果／寛大の誤り／中心化の誤り／厳格の誤り／信頼関係／信頼度尺度／ルーブリック（評定基準）

第4章　測定技術2　教師自作テスト …… 50

1. 論文体テスト　50
2. 客観テスト　51
3. 問題場面テスト　55
4. 作品法　56

■小事典　57

再認形式と再生形式／ポートフォリオ（作品集）

第5章　就学時健康診断・入学試験等 ── 事前の評価 …… 58

1. 小学校：就学時健康診断　58
2. 中学校：新入生学力検査・入学試験等　61
3. 高等学校・大学：入学試験　62

第6章　教科教育における評価1　単元での指導・学習と評価の一体化 …… 63

1. 目標の設定 ── 具体化・明確化　63
2. 事前の評価 ── 準備状態の確認と整備　67
3. 途中の評価 ── 指導・学習の過程における評価　68
4. 終わりの評価　71
5. 単元におけるテストの作り方・行い方　72

第7章　教科教育における評価2　学期・学年での評価 …… 75

1. 小学校の現状と改善　75
2. 中学校・高等学校の現状と改善　76
3. 学期・学年での評価の手順　77

■小事典　80

目標基準準拠評定（絶対評定）の客観性の保証

第8章　総合的な学習の時間・道徳教育・特別活動の評価，行動の評定 …………………………………………… 81

- **1** 総合的な学習の時間の評価　81
- **2** 道徳教育の評価　85
- **3** 行動の評定　89
- **4** 特別活動の評価　92
- ■小事典　94

  大人への道徳教育／地域の教育力／行動の評定基準

第9章　教育課程の評価・学校評価・学級経営の評価 …………… 96

- **1** 教育課程の評価　96
- **2** 学校評価　100
- **3** 学級経営の評価　103
- ■小事典　106

  国際学力調査［PISA/IEA］／生きる力とその実態調査

第10章　教育資料簿（補助簿）・通信簿・指導要録・調査書 ………… 108

- **1** 教育資料簿（補助簿）　108
- **2** 通信簿　112
- **3** 指導要録　119
- **4** 調査書　124
- ■小事典　126

  通知「票」／指導要録の由来／「評定」の移り変わり／指導要録の法的根拠／抄本又は写しの保存期間

第11章　測定技術3　標準検査，知能検査・標準学力検査 ……………………… 130

- **1** 標準検査（教育・心理検査）　130
- **2** 知能検査　131

3 標準学力検査の意義　138
4 目標基準準拠の標準学力検査（CRT）　139
5 集団基準準拠の標準学力検査（NRT）　142
6 知能検査と標準学力検査のテスト・バッテリー　145
7 その他の標準学力検査等　148
■小事典　149
　　Ｔスコア／テスト・バッテリー

第12章　測定技術4
性格検査・適性検査・スポーツテスト　151
1 性格検査　151
2 質問紙法による検査　151
3 作業による検査【内田・クレペリン精神作業検査】159
4 投影法による検査　161
5 適性検査　163
6 スポーツ・テスト　167
■小事典　171
　　道徳的情操／MMPI

付録資料　173
　　学習評価及び指導要録の改善について（通知）　174
　　小学校及び特別支援学校小学部の指導要録に記載する事項等　177
　　各学校における指導要録の保存，送付等に当たっての配慮事項　184
　　小学校児童指導要録（参考様式）　185

索　　引　188

第1章 教育評価の意義

◆教育評価とは何か。その意義と目的を明らかにするとともに、「評定あって評価なし」の現状から「評定に基づく評価あり」の本来の姿への回帰を説く。

1 教育と教育評価

(1) 教育の反省と改善

　学校における教育には、それぞれに明確な目標があり、それぞれの教育は、その目標を実現するために行う。その教育のサイクルは、P（Plan：計画）→D（Do：実施）→S（See：評価）であった。

　目標を設定し、それを実現するための計画を立て、実施をし、成果（目標の実現状況）を確かめ（測定し）、それに基づいて、教育がよかった（十分機能した）かを見て（評価：値ぶみ、点検、反省して）いた。

　教育評価は、教育サイクルの最後に位置づけられ、成果を確認し、それに基づいて、その間の教育が十分機能したかを見る（値ぶみ、点検、反省）、そして不十分なところを改善するのが、その役割であった。

(2) 教育目標の実現

　教育評価（値ぶみ、点検、反省）によって、その後の教育が改善され、よくなったのは確かであった。しかし、実現していない目標は実現しないままに次へ進んでいた。そこで、「教育評価が教育に十分生かされていない。改善して、教育をし直して、すべての目標を実現してから次へ進むべきではないか」との指摘があり、教育サイクルは、P→D→C（Check：点検、反省）→A（Action：改善された教育をし直して目標を実現）に改められた。

　成果（目標の実現状況）を確認（測定）し、それに基づいて、教育が

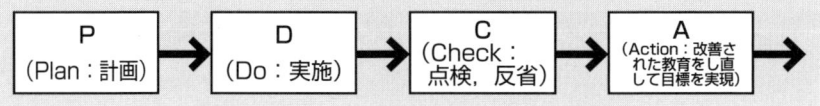

図 PDSサイクルからPDCAサイクルへ

目標実現のために機能していたかを評価(値ぶみ,点検,反省)し,機能が不十分なところ(未習の目標)があれば,機能するように改善して教育をし直し,すべての目標の実現を見とどけてから,次へ進むということである。

すなわち,教育評価は,「目標の実現状況を確認(測定)し,それに基づいて,その間の教育が目標実現のために機能していたかを評価(値ぶみ,点検,反省)し,十分機能していたら次へ進み,機能が不十分であれば,機能するように改善して教育をし直し,すべての目標実現を果たし,それを見とどけて次へ進むために行うものである」となった。

(3) **教育のたえざる値ぶみ,点検,反省,改善**

教育評価は,教育サイクルの最後に位置づけられていたが,教育評価の望ましいあり方は,「目標は,これからの教育で実現できそうか」を「事前」に,「教育で実現しつつあるか」を「途中」で,「実現を果たしたか」を「終わり」に評価して全目標の実現を果たすことであるとの提唱があり,実際に行う努力がされている。

例えば,「完全習得学習」が,指導・学習の過程において行うよう提唱した診断的評価は「事前の評価」で,形成的評価は「途中の評価」で,総括的評価は「終わりの評価」である。また,小学校入学前に行う就学時健康診断は,就学児の心身の発達状態について資料を収集し,入学後の教育について予測,評価をして,適切な就学先を決定するもので,学

校教育における「事前の評価」である（第2章末「小事典」参照）。

これまでは，「終わりの評価」がほとんどであったので，教育評価の定義は，すでに述べたとおりでよかった。

これからの教育評価は，「事前」「途中」を含めて，「必要な資料を収集して，それに基づいて，教育が目標を実現できそうか，実現しつつあるか，実現を果たしたかを，その時々に，値ぶみ，点検，反省，改善して，目標を実現するために行うものである」と定義することになろう。

すなわち，教育のたえざる値ぶみ，点検，反省，改善が，教育評価の役割である。

これを教育サイクルで表す際に，配慮したいことが2つある。

① 目標（Object：O）の明確化と位置づけ

教育は，それぞれの目標を実現する営みで，教育評価は，目標の実現状況を測定し，それに基づいて教育の値ぶみ，点検，反省，改善を行う。教育にとっても，教育評価にとっても，目標は，肝心要ということである。しかし，教育の現状を見ると，目標は，それにふさわしく，大切に扱われているとはいいがたい。もっと強く意識して教育を行いたい。

例えば，研究指定校の発表会で，研究指導の協議において，指導がよかったかどうかを評価する基本的な資料は，目標の実現状況である。しかし，授業を行った教師の説明でそれに言及されることはほとんどない。そして，参加者の発言，質問，講師の講評でも，技術論が多く，核心である目標の実現状況はほとんど取り上げられない。教育は，目標とその実現状況を，もっと意識して行う必要があるので，サイクルにOを入れたいということである。

② 教育評価のE（Evaluation）の使用

S（See），C（Check）を用いると，教育評価は見ればよい，点検すればよい，と受け止められかねない。反省，改善して目標を実現させてこそ真の教育評価であると，本来のEを用いて示す必要がある。したがっ

て，教育サイクルは，下記のようにしたい。

$O_1 \rightarrow E_1 \rightarrow P_1 \rightarrow D_1 \rightarrow E_2 \rightarrow O_2 \rightarrow P_2 \rightarrow D_2 \rightarrow E_3 \rightarrow O_3$

(目標の設定)(事前の評価)(計画)(実行)(途中の評価)(未習の目標)　　　(終わりの評価)(全目標実現)

図　目標Oと教育評価Eを用いた教育サイクル

ただし，後の章で述べるが，E_1, E_2, O_2, P_2, D_2 が必要でない教育こそ，教育の理想である。

2 教育評価の目的

教育評価は，教育が，目標を実現するように機能しているかを，たえず値ぶみ，点検，反省，改善するため（目的）に行われることは，すでに述べたとおりである。ただし，この目的は，教育にかかわる人たちの立場によっていささか異なってくる。

(1) 指導目的

教育評価は，「教師」にとっては，その「指導」が，目標実現のために機能しているかを評価（値ぶみ，点検，反省，改善）するために行うということである。例えば，単元，学期，学年の終わりに，学力テスト等で，成果（目標の実現状況）を測定（確認）し，それを資料として，その間の「指導」を評価するといったようにである。

この場合，目標の実現状況（学力等）が不十分な内容（領域等）については，指導時間が足りなかったと値ぶみ，点検，反省されて，補習等（改善策）を行うことになろう。また，実現状況が不十分な観点（能力等）については，指導の仕方が，その能力等を育成するのに適切でなかったと値ぶみ，点検，反省されて，次の指導から，その能力を育成できるように指導の仕方を改善して行うことになる。

したがって，成果の測定，特に学年の終わりの測定は，全体，内容（領域等），観点（能力等）のそれぞれについて，目標の実現状況を正確

に測定しなければならない。適切に評価を行い，全目標を実現して，次へ進むためである。教師自作テストだけでは不十分と，標準学力検査を合わせて実施して，万全を期している教師がいるのはもっともである。

なお，これまでは，「指導」を評価するための資料は，目標の実現状況（学力）といったように，もっぱら児童生徒についてのものであった。しかし，これからは指導案，その作成に要した時間，参考にした書物といったように，教師自身についての資料も収集し，併せて評価を行うようにしたいものである。

(2) 学習目的

教育評価は「児童生徒」にとっては，「学習」が，目標実現のために機能しているかを評価するために行うということである。

これまでの教育評価は，指導目的がほとんどであった。教育の理想は自学自習であり，教師の「指導」よりは，児童生徒の「学習」が，主役であるべきである。これからは，「学習」になっているか，「学習」が機能しているかを評価する学習目的が，重みを増すことになろう。

学習目的のために最も重要な資料は，「関心・意欲・態度」についてである。意欲的とは，自分で（自主性），進んで（積極性），集中して（集中力），終わるまで（持続力）取り組んでいる状態で，「学習になっている」ことを示す大切な証拠である。測定しにくいために，この観点を削除したいとの意見があるようであるが，教育の本質にそむく意見である。測定技術を工夫して，適切な資料の収集に努めるべきである。

なお，自学自習が学習の理想なら，教育評価の理想は，児童生徒の自己評価であろう。答案・作品等を自己採点，反省させたり，通信簿で自己評価をさせたり，学習過程においても自己チェック，反省，改善をさせたりするなど，児童生徒の自己評価の機会を増やすことである。

(3) 管理目的

教育評価は，「管理職」にとっては，「管理・運営」が，目標実現のた

めに機能しているかを評価するために行うということである。

　例えば，小学校就学時に就学予定者に健康診断を行い，心身の発達状態についての資料を収集して，適正な就学先（学校）を決定するのは，就学先の教育が有効に機能することを予測，評価しての措置である。また，中学校で，新入生に新入生用の標準学力検査等を実施して，教育を適切に行えるように「学級」を編成しているところがある。

　学校，学級は，教育を管理，運営する組織であり，単位である。この例は，必要な資料を収集して，教育が有効に機能することを予測，評価して，学校を決定，学級を編成している。「管理目的」を果たしている「事前の評価」である。

　ある小学校で，標準学力検査を実施し，他の教科と比べて理科の学力（目標の実現状況）が低く，なかでも「観察・実験の技能」（観点）が低いことが明らかになった。これを資料として，理科教育を評価（値ぶみ，点検，反省）したところ，理科教育に優れた教師が少ないことと，実験の施設，設備が不十分なことが明らかになった。そこで校長は，教師の理科の指導力を強化するための研修の機会を増やすとともに，実験の施設，設備の点検，整備を行った。

　この例のように，管理目的には，教育環境（人的，物的）を値ぶみ，点検，反省，改善（整備）するためもある。学校評価はその例である。

(4) 研究目的

　教育評価には，日常の教育（指導，学習，管理・運営）について行うほかに，日常の教育から離れて「研究，調査」のために行うものがある。

　例えば，新しく開発した指導法と従来からの指導法を別々のクラスに実施して，その有効性を比較するのは，新しい指導法を研究・開発するための指導法の評価である。

　また，教育課程実施状況と学力の全国調査は，教育課程の実施状況と，その実施が，目標実現のために機能しているかを研究，評価するために

行われる。したがって，調査結果である目標の実現状況（学力）は，平均値だけでなく，「十分満足：3」「おおむね満足：2」「努力を要する：1」の比率を示せるものでなければならない。この比率が，目標実現のために，教育課程が機能している状況を示すものだからである。特に，「努力を要する：1」の0％は，教育課程が理想的に機能して，大変望ましいこと（高い評価）を示すものである。

この評定段階の分布（比率）を示せない調査では，「教育課程の適正な評価は行えない。それを正確に示すことができる調査，例えば，標準学力検査を実施するほうがよい」などと指摘されることになる。

3 教育評価の現状と本来の姿

(1) 教育評価の現状「評定あって評価なし」

「評定あって評価なし」。これは，評価学者続有恒が，かつて当時の状況を嘆いた言葉である。「教育の成果，例えば学力を測定し，その結果を『評定』し，1，2，3等で表示して成績を付け，評価をしたと思い終わりにする教師がほとんどで，それを資料として教育を評価する，本来の『評価』が行われていない」と嘆いたのである。

この嘆き，批判的指摘によって，状況は好転したかというと，残念ながら本来のあるべき姿が取り戻せていないのが現状である。「教育を評価（値ぶみ，点検，反省），改善して，目標の実現を果たすべきなのに，教育の成果を評定し，表示して資料を収集したり，成績として付けることを評価と思い，『それを資料として，教育を評価（値ぶみ，点検，反省），改善して，教育をし直し，未習の目標の実現を果たすこと』をせずに，次へ進んでいる」のである。

(2) 本来の姿「評定（測定）に基づく評価あり」への回帰

「評定（測定）に基づく評価あり」という本来の姿に戻す必要がある。そのためには，教育の成果である目標の実現状況，例えば，知育におけ

る学力，徳育における道徳性，体育における健康と体力を測定し，結果を得点や評定値等で表示して資料としたり，それを成績として使ったりするのは，「評価」ではなくて，「評価のための資料の収集と提供」であることを周知徹底することである。

　これまでに，心ある評価学者がいろいろと工夫，努力はしている。例えば，教育を評価する本来の評価を「広い意味の評価」，教育の成果などを測定，表示，資料とするのを「狭い意味の評価」と区別したり，絶対評価を絶対的解釈，相対評価を相対的解釈としたりといったようにである。

　しかし，前者は，両方に「評価」を用いているので，混用を正すことができなかった。後者も，専門用語として定着しにくかったと思われる。むしろ，実態に即して「評定」という専門用語を用いていれば，絶対評定，相対評定，個人内評定と定着し，混用を正せた可能性はあった。

　「評価」は，教育評価を略して用いているので，教育界だけでなく各方面で便利に使われすぎて，本来の意味や実体がすり減り，ついに失われてしまったように思われる。これを本来の姿に戻すためには，専門用語を定義し，教育にかかわる者，教師，学者，公のすべてが正しく理解し，用い，行うことである。また，外国語の専門用語を訳すときには，日本の教育評価はおよそ確立しているので，すでに用いられている専門用語をできるだけ用いることである。混乱に拍車をかけないためである。

　専門用語の正しい理解のために，主要なもののいくつかを次に重ねて説明しておくことにする。

① **教育評価（評価）：Educational Evaluation**

【定　義】

　教育評価は，教育がうまくいっているかを値ぶみすることである。値ぶみを行うための基本的な資料は，目標の実現状況（教育の成果，児童生徒の学力，道徳性，健康と体力等の状況，実態）についてのものであ

る。それを収集し，実現状況に基づいて，教育がうまくいったか，十分機能したか値ぶみをする。しかし，教育は値ぶみをすればよいというものではない。値ぶみがよかった場合は，続けてよい，次へ進んでよいということであるが，悪かった場合は，値ぶみで終わらないで，どこが機能していなかったかを点検し，反省し，改善して，教育をし直し，すべての目標の実現を果たしてから，次へ進むべきである。

　すなわち，教育評価は「その目標実現のために，教育を値ぶみ，点検，反省，改善すること」である。改善して，教育をし直した結果，すべての目標の実現が果たせてこそ，真の教育評価ということである。

【主体と対象の拡大】

① かつて，評価の主体（評価者）は，もっぱら教師であった。しかし，自学自習が教育の理想なら，評価の理想は児童生徒の自己評価であるとの提唱に，自己教育力の提唱が拍車をかけ，児童生徒も評価の主体となった。文部科学省等の公は，教育課程の実施状況，学力調査等で，すでに主体であった。学校評価に，保護者，地域代表，有識者等が加わり，教育にかかわる人たちすべてが，評価の主体（評価者）となってきた。

② 評価の対象も，児童生徒（の学習）が主であったが，教師（の指導），管理職（の管理，運営），文部科学省（の教育課程の基準），家庭（教育），地域（の教育力）等，教育関係者（組織）のすべてになってきた。

③ これだけ拡大されると，すべての関係者が，教育評価の専門用語，手順等を正しく理解し，行う力を付ける必要がある。教師は，評価者の先輩として，その正しい理解と実践の模範となる義務がある。

② **教育測定（測定）：Educational Measurement**

【定　義】

「測定」とは，児童生徒の能力，特性等の状態を把握し，その実態を

できるだけ量的に表示をすることである。例えば，教育の成果である児童生徒の目標の実現状況（学力，道徳性，体力等）を，学力検査，道徳性検査，スポーツテスト等を実施して把握し，その実態を得点，偏差値，評定値等で表示するといったようにである。

採点して，得点，偏差値，評定値等で示すのは，測定してその結果を表示したのであって，教育（を）評価（したの）ではない。教育評価は，この測定結果を資料として，それに基づいて，教育を値ぶみ，点検，反省，改善することである。すなわち，測定とその結果の表示は，評価を適正に行う手順で，欠かすことのできない「資料の収集」なのである。

【評価との混用と改善策】

① 正確な測定のためには，測定目標を設定し，それに適した測定技術を選び，作成，実施し，客観的に採点し，集計，処理して，記録する。教師は，採点しながら，出来がよいところは指導がうまくいったと思ったり，出来が悪いところは，指導がうまくいかなかったと反省したりする。これは，本格的ではないが評価である。測定，結果の表示の過程で行うので，測定して結果を表示して，評価もしたと思うことになるのであろう。その際に用いる「測定技術」を「評価技術」と誤用しているのでなおさらである。

② 得点，評定値等は，学力，道徳性，体力等の程度（水準）を80点，20点とか，1，2，3といったように表示したものである。これは，単に状態を表示しているにすぎないが，高得点，低得点，高い評定値といったように，値ぶみと思わせる面がある。成績として用いるので，なおさらであるが，表示であって，値ぶみではない。

③ 改善策は，「評価技術を測定技術と改めるなど，用字・用語を正確に使う」「測定とその結果表示は，評価のための『資料の収集』である」。これらを徹底することである。

③ 評定（評定法）：Rating（Rating Method）
【定　義】
　「評定」とは，児童生徒の能力，特性等の状態を測定し，あらかじめ設定した基準に従って，いくつかの段階を示す点数や記号等で表示することで，測定技術の一種である。
　評定で，よく用いられる技術は，次のとおりである。
　① 点数式評定：状態を１，２，３の点数やＡ，Ｂ，Ｃの段階を示す記号等で表示する。国語３，思考・判断・表現Ｂが，その例である。
　② 図式評定：段階を直線上に配置して表示する。視覚化され，見やすく，分かりやすい。Ａ　Ｂ　Ｃが，その例である。
　③ 記述評定：状態を，「十分満足」「おおむね満足」「努力を要する」など段階を示す文章記述で表示する。

【評価との混用と改善策】
　① 評定は，教育の成果（学力，道徳性，体力等）の測定，表示に用いられている。教育の成果は，児童生徒によって違いがあり，その程度を，１，２，３等の段階値（評定値）で表示することになる。これは，測定結果の表示にすぎないが，「１に当たるか，２に当たるかを見定めている」のが，「１に値するか，２に値するかと値ぶみをしている」ように思えるのであろう。「評定をして評価をした」と思う教師がいるのも，無理からぬことではある。しかし，ほとんどの教師がそうでは，大変な問題である。日本の教育が，本来の評価をしない，反省・改善のない「評定あって評価なし」の教育だらけになるからである。評定は評価ではなくて，評価のための資料の収集，測定の技術であることを理解し，行うことである。
　② 評定は，成績として使われることが多いので，よい，悪いと値ぶみ（評価）をしたと思わせるのであろう。測定結果の表示で，評価のための資料，評価情報であると，周知徹底することである。

小事典

■科挙（主観的測定時代）

中国の隋代から約1300年間続いた官吏登用試験で，「科」は科目，「挙」は選抜挙用のことである。試験内容は，時代での変化はあったが，基本的には，経書の暗記と注釈，詩の作成，古典や政治問題への意見陳述であった。採点が主観的になりやすい口頭試問，論文体テスト等で行われていた。

■教育測定運動（客観的測定時代へ）

19世紀末から20世紀初頭にかけて，それまでの主たる技術であった口頭試問や論文体テストは，採点の主観性が強いことを批判して，客観的な測定を目指し，測定技術の工夫，開発を盛んに行った運動である。この運動の中心者は，ソーンダイクで，現在用いられている客観テストのほとんどは，その協力者と開発したものである。これによって学力の客観的測定は大いに進んだが，測定しやすい学力だけを測定して，思考等の重要だが測定しにくい学力を測定していない，客観的に測定するだけで教育の改善に生かされていないなどの批判があり，思考等の測定に問題場面テストが考案された。

■八年研究（評価時代へ）

この研究で「測定」から「評価」になったと言われている。

アメリカの進歩主義教育協会は，1933年から1940年の八年間，新教育が，伝統的教育に優っているかを比較研究（評価）した。この研究の評価委員会の中心者はタイラーであったが，この研究によって，「測定のための測定」から「測定に基づく評価」への転換が行われた。

■エバリュエーション（Educational Evaluation：教育評価）

「エバリュエーション」は本来の評価であり，八年研究からも明らかなように，教育を評価（値ぶみ）することである。しかし，教育においては，値ぶみすればそれで終わりということではない。目標実現のために機能しているかを点検，反省し，機能していないところを改善して行い，目標実現を果

たしたのを見とどけてから次へ進んで，初めて評価を行った意味がある。すなわち，「評価（エバリュエーション）」は，目標実現を果たすために行う，「教育の値ぶみ，点検，反省，改善である」といえる。

■アセスメント（Assessment）測定・表示：資料収集

　「アセスメント」は，評価と訳されているが，「パフォーマンス・アセスメント」が，「目標（知識，技能等）の実現状況を，それを実際に用いる（パフォーマンス）場面で測定すれば正しく測定できる。これを学力（目標の実現状況）の正しいアセスメントという」と言われているように，「教育の成果（学力等），教育に関係する諸事項等について測定，表示をし，教育的決定を行うための資料とすること」である。すなわち，アセスメントは，「評価のための，資料の収集」である。「評価」と訳さないで，実体を正確に示す訳語，例えば，PISAのAは，「アセスメント」であるが，「調査」と訳しているように，適切な訳語を充てることである。さもないと，「評定あって評価なし」と同様な意味で，「アセスメントあってエバリュエーションなし」と批判されることになろう。

　英語圏では，「エバリュエーション（本来の評価）」と区別するために，「アセスメント（評価資料の収集，測定・表示）」と，別の語を用いたのであろう。両者を同じく「評価」と訳すのは，せっかくの工夫を無にするだけでなく，教育評価の混用，混迷に拍車をかけ，教育評価の正しい理解と実行への回帰に水を差すことになる。日本の教育評価は，考え方，手順は確立していて，新しい提唱のほとんどは，手順の部分的な改善策である。したがって，訳語も新造語ではなく，すでに用いられている専門用語を実体に即して用いる努力をすることである。実践する教師も，使い慣れている用語であれば正しく理解し，行うことができる。例えば，「パフォーマンス・アセスメント」は，「実行・測定」，「ポートフォリオ」は「作品集」といったようにである。

第2章 教育評価の手順

◆測定目標の設定，資料の収集（アセスメント）の測定技術とその具備する条件，測定結果の処理・表示である評定法，保存・管理・活用について解説する。

1 目的の確認

　教育評価は，すでに述べたように，教師の指導，児童生徒の学習，管理職の管理・運営が，教育目標の実現のために機能しそうか，機能しつつあるか，機能したかを値ぶみ，点検し，機能していないところがあれば反省し，機能するように改善して教育をし直し，目標を実現するために行う。また，教育課程，指導法等が，目標実現のために有効かどうかを研究し，開発するためにも行う。すなわち，教育評価の目的には，指導目的，学習目的，管理目的，研究目的がある。

　目的が違うと，何を，どう行うのか，進め方や用いる技術が異なるので，教育評価は何のために行うのか，目的の確認から始める。この目的の確認が行われないままに進められると，「測定のための測定」になり，「測定に基づく評価」を行わないで終わってしまうことになる。ただし，目的は違っても，行う手順は，およそ同じである。

2 測定目標の設定

　目的を確認したら，何を測定して評価の資料とするのか，測定する目標を設定する。教育評価は，それぞれの教育で実現を目指している「目標」の実現状況を測定し，それを資料として行うので，教育目標が測定目標である。ただし，教育目標は数が多くてすべてを測定することはできない。教育目標を母集団として，抽出して測定目標を設定することに

なる。

(1) 教育目標の具体化

　教育目標は、学習指導要領に示されている。しかし、そこに示されている目標は、そのままでは測定しにくい一般的な水準（方向目標）で示されている。すべての教師に、指導の仕方が分かり、測定の仕方が分かるように、児童生徒の行動の水準（行動目標）まで具体化する必要がある（章末「小事典」参照）。

　行動目標までの具体化を提唱したのは、ブルームらによる「完全習得学習」である。そこまで具体化すれば、すべての教師に、どう指導し、学習させたら実現できるかが分かり、指導、学習がよくなる。また、実現状況の測定の仕方も分かり、正確な測定ができ、適正な評価ができる。指導、学習が最善となり、測定、評価が適正に行われるので、すべての児童生徒が目標を実現できる、完全習得学習になるというのである。

　ただしこの目標の具体化作業は、各教師個人では不可能である。仮に行ったとしても、教師によって様々となり、指導や測定、評価も様々となり、信頼できないものとなる。文部科学省が目標の具体化総覧を作成して示し、それに基づいて、各地方自治体の教科部会か、教科書が共通な自治体の教科部会連合会あるいは教科書作成者で、単元ごとの具体化一覧を作成して、各教師に配布することである。この目標具体化一覧による目標の共有が、信頼できる測定、評価を保証する必要条件である。

(2) 測定目標の抽出・設定

　具体化された教育目標一覧は、教科、総合的な学習の時間、道徳、特別活動等によって、その数に違いがある。少なければ、そのまま測定目標とすることができるが、教科のように数が多いと、すべてを測定目標とすることは無理である。したがって、全体を母集団として、それらを見事に代表する見本を抽出して測定目標とする。この手続きを適正に行っておくと、測定結果から、測定しなかった目標を含めた全体（母集

団）の実現状況を適正に推定できる。現在，教師が行っている「評定」の主観性が強く，信頼されないのは，具体化一覧を共有していないために，この手続きを適正に行えないことによる。

3 資料の収集（アセスメント）

測定目標を具体的に設定したら，次は，それぞれの目標の実現状況を測定するのに適した技術を選んで作成，実施し，採点・処理，表示，集計をし，評価を行うための資料として，記録，保存，管理，活用することになる。

(1) 測定技術の選択

適切な選択をするためには，測定技術の特徴，作成，実施に精通すること，特にそれぞれがどの目標に適合しているかに精通する必要がある。

① 測定技術の種類

これまでに開発され，活用されている技術は，次のとおりであるが，それぞれの長所，短所，作成，使用する際の留意点などは，別の章で述べる。

論文体テスト，客観テスト（真偽法，多肢選択法，組み合わせ法，序列法，訂正法，単純再生法，完成法など），問題場面テスト，作品法（レポート，作文，ノート，絵画など），質問紙法，逸話記録法，チェック・リスト法，評定法，面接法，投影法，録音，録画，標準検査（知能，学力，性格，適性）など。

② 適合関係

① 関心・意欲・態度：質問紙法，チェック・リスト法，評定法などである。

② 思考・判断・表現：論文体テスト，問題（活用）場面テスト，作品法などである。

③ 技能：チェック・リスト法，評定法，作品法，録音，録画などで

ある。
④ 知識・理解：論文体テスト，客観テストなどであるが，ていねいな測定のために，面接法（口頭試問）を用いることがある。また，学力の水準を正確に知りたいときには，標準学力検査が用いられる。
⑤ 行動（性格・道徳性・対人関係を含む）：質問紙法，面接法，観察法などであるが，水準や問題点を知るためには，標準検査を用いる。
⑥ 知能・適性：専門家が作成した知能検査，各種の適性検査などの標準検査を用いる。

(2) 測定技術の作成

作成にあたっては，測定目標を確かに測定できるか（妥当性），何回測定しても同じような結果を得ることができるか（信頼性），だれが採点しても同じ結果になるか（客観性）など，測定技術が具備すべき条件を満たす必要がある。

① 妥当性

測定目標を確かに測定しているかを示すもので，確かに測定している技術を，妥当性が高い技術という。妥当性には，内容的妥当性，基準関連妥当性，構成概念妥当性などがある（章末「小事典」参照）。

なお，妥当性については，測定目標をどの程度測定しているか，その程度，としていたが，現在は，測定技術によって得た測定値の解釈や推論は正しいといえるか，その程度，とされている。

測定技術の作成・実施で，妥当性の視点から留意したい点を次に示す。

① 採点が客観的に行えるのなら，確かな学力を測定するためには，正答を見分ける選択法（再認形式）よりも，思い出して書く技術（再生形式）を用いるのがよい。真の学力に迫れる。
② 技能，行動の測定は，ペーパーテストよりも，行う（実行）場面で測定する観察法がよい。行えるかどうかを測定できる。

③　思考・判断・表現の測定は，問題（活用）場面テストがよいが，広いスペースと解答に時間を要する。全出題数を多くできなくなり，学力全体の測定を妨げる。平常の授業で必要に応じて行うか，あるいは，全体の出題数が10題の場合，8，9題を客観テスト，1，2題を問題場面テストにして，学力全体も，思考・判断・表現も測定できるようにする。

④　パフォーマンス・アセスメント（実行・測定）は，「活用できる学力は，選択法以外の技術で測定できる。それらの技術で，確かな学力を測定し，評価のための資料を収集するのがよい」「問題（活用）場面で，実行（パフォーマンス）させて，観察で測定し，資料を収集するのがよい」という測定についての提唱である。

② **信頼性**

測定結果が，安定しているか，一貫しているかを示すものである。だれが，何回行っても同じような結果が出ると，この測定技術は信頼性が高いという。測定するたびに結果が違っては，安心して使えないということである。

信頼性の確かめ方には，再検査法，折半法，代替検査法，キューダー・リチャードソン法などがある（章末「小事典」参照）。

なお，信頼性は，知能，性格，道徳性，適性，行動等の成長，変化を測定したり，測定結果から将来について予測したりする測定技術，特に標準検査には，欠かせない条件である。

③ **客観性**

観察法，面接法などでは，観察者，面接者の主観が反映して，主観的な測定になりやすい。これらの技術での客観性は，多数回行うか，多人数で行って，それらの結果の一致で保証することになる。

特に客観性が問題になるのは，採点においてである。論文体テストの採点が主観的であると批判し，考案されたのが客観テストで，採点が客

観的に行われるテストということである。採点の客観性は、学力検査では大変重要で、標準学力検査では、採点も標準化されており、手引に採点の基準が示されている。それに従えば、だれでも客観的に採点できるようになっている。

(3) 実　施

実施の仕方は、測定技術によって、大変簡単なものから、事前に研修、練習しないと正確に行えないものまである。教師自作の日常の学力テストは、配付して「始めなさい」と簡単なものが多い。仮にトラブルがあっても、教師がその場で対応できる程度のものである。

観察法は、何を、どう見て、判断し、記録するのかを、事前によく理解しておく必要があるし、標準検査の場合は、実施の仕方が手引にていねいに示してあるので、事前によく精通して、正確に行えるようにしなければならない。

実施が正確でないと、測定結果は、児童生徒の実態を正確に表示することができなくなる。実施の仕方を事前にしっかり確認し、準備をして、万全を期すことである。

(4) 採　点

正確な測定ができても、採点が教師の主観に左右されては、児童生徒の実態が正確に表示できなくて、信頼できないものとなる。採点が客観的に行えるように考案されたのが、客観テストであるが、それ以外の測定技術は、採点基準を設けて、それに従って採点することである。さもないと、測定結果として表示された得点、評定値、偏差値等がまったく信頼できないものとなり、それを資料として行う評価も、また信頼できないものとなってしまう。

採点基準を必ず設けて、採点は行いたいということである。

(5) 処理、表示、資料化（アセスメントの核心）

測定結果は、採点などの処理をして、得点、評定値、偏差値等で表示

をして，資料とする。その処理，表示には，絶対，相対，個人内があって，絶対評価，相対評価，個人内評価といわれていた。現在は，それぞれ目標基準準拠評価，集団基準準拠評価，個人（内）基準準拠評価といわれている（章末「小事典」参照）。

しかし，これらの「評価」は，繰り返し述べたように，本来の評価（広い意味の評価，エバリュエーション）ではなくて，測定結果の処理，表示（狭い意味の評価，アセスメント）である。実体は資料化のための処理，表示なので，例えば，絶対的「処理・表示」，もしくはもっと簡略化して絶対的「表示」と改めるのがよい。ただし，「処理・表示」，「表示」は一般的な用語であるし，行われている処理，表示は，ほとんど「評定」である。指導要録の「各教科の学習の記録」の「評定」「観点別学習状況」は点数式評定で，「総合的な学習の時間」の「評価」は記述評定で，いずれも「評定」である。したがって，「処理・表示」あるいは「表示」とするよりも，「評定」と改めるのが最善であろう。

本書では，もちろん，これからは目標基準準拠評定といったように，「評定」を徹底して用いることにする。

① **目標基準準拠評定（絶対評定）**

測定した目標の実現状況を，あらかじめ設定された評定基準（目標基準）に従って，当てはまる段階の数字や記号，記述等で表示する方法である。

例えば，3段階であれば，実現状況が80％以上は「十分実現している」あるいは「3」，79～60％は「おおむね実現している」あるいは「2」，59％以下は「努力を要する」あるいは「1」と表示するといったようにである。

実現状況を量的に示しにくいものについては，段階の判断ができるように程度の違う具体的な文章で評定基準（質的基準）を設定する（記述評定）。これを，ていねいに行おうとしているのが，ポートフォリオ・

アセスメントのルーブリック（評定基準）で，評定事例で補足し，評定をしやすくしている。

【長　所】

① 目標の実現状況そのものの水準を示す基準によって評定しているので，教科を例とすると，学力の程度を直接表せる。

② 3段階評定であれば，優秀なクラスでは，全員が3になることもある。

③ 努力して進歩すれば，それを評定値の上昇で表現して励ますことができる。

④ 他と比べないので，無意味な競争をなくし，やる気にさせることもできる。

⑤ 目標の実現状況そのものを示しているので，教師の指導，児童生徒の学習，管理職の管理・運営，環境の整備状況，教育課程が，機能しているかどうかなどを適正に評価できる資料となる。

【短　所】

目標の実現状況で行う評定なので，目標を具体化して，正確に測定できるようにする必要がある。

また，測定した実現状況を「十分満足：3」とすべての教師が同様に評定するためには，目標具体化一覧と同様に，どのような状況ならその段階とするか，という基準をできるだけ具体的に設定し，共有しなければならない。

目標の具体化と評定基準の具体化は大変な作業で，各教師に任せれば，主観性の強い，信頼できないものになる。

【対　策】

目標基準準拠評定の成否を決めるのは，これらの作業である。大変ではあるが，一回行っておけば，少しの訂正で使い続けられる。公が中心となって行い，目標具体化一覧と評定基準を共有することである。

② **集団基準準拠評定（相対評定）**

　測定した目標の実現状況を，学級，学年等の集団の中での相対的位置（集団基準）で評定し，当てはまる段階の点数や記号，記述で表示する方法である。

　例えば，中学校の社会科で，100点満点のテストでの90点が，優秀なクラスのため最低点となり，5段階の「1」となることもある。逆に，学力が低いクラスなら，60点でも最高点ということで，5段階の「5」となることもある，といったようにである。

　ふつうは，ある程度の数の集団では，正規分布に従うと考えて，5段階であれば，「5」－7％，「4」－24％，「3」－38％，「2」－24％，「1」－7％，3段階であれば，特に小学校の場合は，1は少なくあるべきと，「1」－7％，「2」－62％，「3」－31％として行う。

【長　所】

　同じ資料で行うと，教師のだれが行っても同じ評定値になるというように，客観的で，安定しており，行いやすい。例えば，通信簿に成績として記入したとき，記入した教師も納得でき，受け取った児童生徒も信頼できる評定である。

【短　所】

① クラスの状況によって，同じ実現状況（得点）でも，3になったり1になったりするように，実現状況（学力等）そのものを示していない。教育を適正に評価するための資料としては，不十分である。

② 他の児童生徒と比べるので，不当な競争心をもたせることがある。

③ 実現状況が低くても相対的位置が高いと優越感を，高くても相対的位置が低いと劣等感を，不当にもたせてしまうことがある。

④ 努力をしても，みんなが努力すると相対的位置は変わらず，努力とそれによる実現状況の変化（進歩）を表現しにくいことがある。

【対　策】

①　学年，学期等の範囲が広く目標数が多いのに用い，本時，単元等では，目標基準準拠を用いるといったように並用して，互いに短所を補い合うことである。

②　現在，中学校，高校では，日常の教育は目標基準準拠で進められているが，最後の入試で，相対的位置で合否を決めるという，厳格な集団基準準拠評定が待ち受けている。そのために，進路情報として，相対評定値を指導要録に記入してもよいことになっている。進路情報は，教師だけのものではないので，生徒にも日常的に知らせて，よく理解させておく必要がある。

③　個人基準準拠評定（個人内評定）

　各個人の目標の実現状況を，教科，領域，観点ごとに評定して横に並べ（横断的），突出した所を個人の長所と認め，また，それらを時間的に縦に並べて（縦断的），進歩の状況を認める方法である。

　目標基準準拠評定，集団基準準拠評定が，「2」，「1」ばかりで励ましにくい児童生徒でも，「2」の教科や観点等を長所と認めることができる。数少ない中で，「1」から「2」への変化が見られたものを進歩と認めることもできる。すべての児童生徒に長所，進歩を認めて，誉め，励ますことができる，最も教育的な評定である。

　この場合，長所を認め，進歩を認めやすくするためには，評定段階を多くするとか，得点や％をそのまま用いるとよい。

【長　所】

①　本人としてのすべての長所，進歩を認めることができるので，教育が目指している個別化，個性化に最適である。

②　本人の長所だけでなく，短所も明らかにできるので，各個人について教育の重点を設定できる。

③　本人としての進歩の状況を表現できるので，努力をかってやれて，意欲的に取り組むように仕向けることができる。

【短所と対策】

①　すべての長所，進歩を認めるあまり，甘くなる危険性がある。がんばったと誉め，励ますだけでなく，実現状況が不十分なことも付け加えて，さらに努力するように促すことも忘れないことである。

②　横に比べて長所，前と比べて進歩とみるためには，それぞれの測定が等質に行われる必要がある。前のテストが難しく，今回のテストが易しいために得点が上がったときに，進歩と認めて，励ましてよいかという問題である。教育上効果があり，学力を伸ばせるのなら，この難点には目をつむって行えばよいとの意見もあるが，測定，評定を正確に行う努力は，やはりしたほうがよい。

③　本人としての長所，進歩は認めやすいが，その学年としてはどうかという視点が欠けている。本人としてだけでなく，学年としての基礎的・基本的な目標は，すべての児童生徒に実現させたいので，その実現状況を表示する目標基準準拠評定は当然，相対的位置を示し分かりやすい集団基準準拠評定も併せ用いることが望ましい。

4　資料の保存・管理・活用

収集した資料は，そのまま，あるいは処理，集計し，記録，保存，管理して，教育の評価（値ぶみ，点検，反省），改善，指導要録・通信簿への記入等に活用する。

(1)　保存，管理

収集した資料を保存している記録簿は，補助簿，個人指導簿，生徒指導票など，学校によっていろいろである。また，学級経営簿，教務手帳の中に含めている学校もある。教育にとっては，基本的で大変貴重な資料なので，「教育資料簿」と役割にふさわしい名称にするのが望ましい。

①　様　　式

ノート式，カード式，ファイル式などがあり，ノート式が多く用いら

れているが，ファイル式が望ましい。

　中学校の研究授業であったが，大部分の目標は，生徒への質問や机間指導の観察で，実現状況のおおよそを確認（測定）していた。肝心な目標については，机の配置図の各生徒のところに，○（できる），△（できない）と記されており，そして，△の生徒には，できていない状況とできるようにする手だてが記入されていた。この予測が6割以上当たるようになると授業は自由自在で，すべての生徒が目標を実現して終われるということであった。その授業での肝心な目標は2つであったが，その測定は，机の配置図をチェック・リストとした観察で行っていた。

　なお，事前に○△の予測をどのように行うのか聞いたところ，ファイルに，観察記録，答案，標準検査の結果，それぞれについての感想，見たり聞いたりしたメモなど，医者のカルテのファイルのように，多面的で必要な資料を収納しておく。指導案を作るときに，これを繰り返し見る。授業中の一人一人の生徒の様子が見えてくるまで見る。そして，見えた姿に基づいて，机の配置図に予測を書くということであった。

　これからの教育は，個別化，個性化されていく。それを支えるのは，資料の個別化，蓄積で，教育資料簿（記録簿）の整備である。これからは，教育資料簿（記録簿）の時代であり，それに適しているのは，資料を収集しやすく，活用しやすいファイル式ということである。

　これについて主張しているのが，ポートフォリオ・アセスメント（作品・測定）である。ポートフォリオは，レポート，作文，絵画等の作品など，教育の成果物（目標の実現状況を示す物）の有効と思われるものを集めたものである。それは，多面的，長期的に集められるので，それに基づいて成長をみることができ，教育の評価（値ぶみ，点検，反省），改善もでき，予測して適切な教育を行うこともできる。また，説明責任を果たすための確かな資料ともなるものである。評価の手順の「資料の収集・保存」の改善についての主張であるが，上に述べたように，すで

に実際に，作成，活用していた教師がいたのである。

なお，ポートフォリオ・アセスメントは，「評価者にとって，有効かつ必要と思われるもののみを収納する」と主張しているようであるが，先に挙げた中学校では，有効かつ必要というのは教師によって違うので，無駄と思われるものも排除しないほうがいい，できるだけ収集しておいて必要に応じて用いるようにすべきとのことであった（第3章「小事典」参照）。

② **教育資料簿（記録簿）の保存・管理**

教育資料簿（記録簿）は，教育実践においては，きわめて有効で貴重な帳簿である。現在は，各教師が独自に作成し，個人的に保存し，活用しているが，これではもったいない。次々と担任に渡して活用したいものである。したがって，だれでも必要に応じて活用できるように保存・管理したい。そのためには，学校として，様式はファイル式に統一して，ファイル・ボックスに，クラス単位で保存するのがよい。様式を統一すると，だれでも同じように資料が集められるし，資料の中味もよく分かっていて，活用しやすいという利点がある。そしてファイルは，個々の教育の反省，改善や本人，保護者への証明，相談等にも，本人のだけを取り出して使える。また，次の担任へは担任する児童生徒の分だけを渡せる。個々への活用，次の担任への引き継ぎにも，大変便利である。

ただし，このように学校で様式を統一し，保存・管理すると，これまで私的メモの類とされて公開の必要がなかったものが，公的帳簿とみなされ公開を求められたとき，拒否できなくなる可能性がある。

各学校は，教育資料簿（記録簿）を整備するとともに，公開に備える必要がある。情報の公開は，プライバシーを侵害しないよう（保護）に配慮した手引を作って，それに厳密に従って行うことである。

(2) **資料の活用（エバリュエーション：評価の核心）**

① 就学時健康診断では，心身の状態を測定して，教育の可能性を予

測，評価して，適正な就学先を決定する。管理目的の事前の評価である。
② 教科教育では，目標の実現状況を測定して，その間の教育を評価（値ぶみ，点検，反省）し，不十分な領域（内容）の教育を改善して補習を行い，不十分な観点（能力）については，それを育成できるように指導，学習の仕方を改善して行い，目標の実現を果たす。
③ 教科教育以外でも，目標実現の実態を測定して，その教育を評価（値ぶみ，点検，反省），改善して目標の実現を目指す。
④ なかでも，「関心・意欲・態度」（目標）の実現状況の測定で，教育の理想である「教師の指導が主役でなく，児童生徒の学習が主役になっている」程度を確認し，さらに学習が主役になるように，意欲的に取り組ませるために課題，教材等を魅力的に提示したり，自学自習や協同学習をする時間を増やしたりするなど，授業の評価，改善を行う。
⑤ 資料を児童生徒に渡し，学習を自己評価，改善させる。
⑥ 通信簿に記入をし，本人に自己評価させ，保護者にも，家庭教育の評価（値ぶみ，点検，反省），改善と，学校教育の評価，理解と協力，参加を求める。
⑦ 指導要録に記入し，それに基づいて作成された写し，調査書が，転学先での指導に生かされたり，進学先，就職先の決定に用いられたりする。
⑧ 収集した資料に基づいて，教育課程や指導法等の評価，改善，開発を行う。
⑨ 収集した資料に基づいて，学校，学級の管理，運営の評価，改善を行う。
⑩ 資料を収集して，教育行政組織を評価，改善する。
⑪ 資料を収集して，家庭，地域の教育力を評価，改善する。

以上のように，豊富で多面的な資料が収集されていれば，教育では，いろいろに活用できる。この資料の活用が評価（の手順）の核心である。これがないと評価とはいえず，「評定（アセスメント）あって評価（エバリュエーション）なし」と批判を受けることになる。

小事典

■**基準と規準**

①**基準**

目標の実現状況（学力等）を，いくつかの段階に評定して表示するときに，どの段階に当たるかを判断（評定）するための拠りどころである。したがって，「評価」基準は，「評定」基準と改めるべきである。基準には，3段階であれば，80％以上は「3」，79〜60％は「2」といったような量的基準（ドメイン）と，だれとでも仲よくできるは「A」，相手によって仲よくできるは「B」といったように，量化できにくいものを程度の違う文章で表した質的基準（スタンダード）がある。

②**規準**

目標とする状態を示す拠りどころで，基準の中で教育が目指している状態を示す基準である。例えば，評定段階「3」，評定段階「2」，評定段階「1」に示されている量的，質的基準は，「3」，「2」，「1」と評定（判断）するための拠りどころである。この場合「2」のところが評定「規準」であれば，「2」と評定する基準であると同時に，この段階が，これ以上は「実現できた」とする目標の状態（最低限）を示している「規準」ということである。

以上の定義に基づいて，評定基準を整理すると次のようになる。

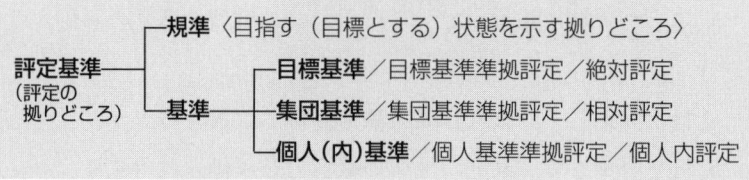

評定基準（評定の拠りどころ）
- 規準〈目指す（目標とする）状態を示す拠りどころ〉
- 基準
  - 目標基準／目標基準準拠評定／絶対評定
  - 集団基準／集団基準準拠評定／相対評定
  - 個人(内)基準／個人基準準拠評定／個人内評定

■目標基準と集団基準と個人（内）基準

①目標基準

目標の実現状況を，「実現の程度」で，「80％以上実現」は「3」，「十分実現している状況」は「A」と評定するときの，どの評定段階（評定値）に当たるかを判断する拠りどころである。これには，「80％以上実現」といったように，量的に示された基準（拠りどころ）と，「だれとでも仲よく遊ぶ」というように質的に示された基準がある。

②集団基準

目標の実現状況を「集団での相対的位置」で，「上位7％」は「5」，平均±0.5SDの範囲内」は「3」と評定するときの，どの段階に当たるかを判断する拠りどころである。集団の測定値に基づいて設定された基準である。

③個人（内）基準

目標の実現状況を「個人の内部の状況」で，「前よりよくなった」ので「進歩した，○」，「他より優れている」ので「長所，○」と評定するときの，本人としては「進歩」，本人の「長所」を判断する拠りどころである。この本人だけ（個人内部にある）の基準には，「本人の前の得点」といったような縦断的な基準と，「本人の他の領域の得点」といったような横断的な基準とがある。

■完全習得学習

十分な時間と適切な学習環境を与えれば，すべての児童生徒が，教育内容を完全に習得できるという考えでできた授業方略である。この基礎には，キャロルの「児童生徒の学習成績は，学習に使用された時間／学習に必要な時間＝学習率で説明できる」という考え方がある。そして，キャロルは，「学習に使用された時間」に影響するのは，「学習機会」「学習持続力」で，「学習に必要な時間」に影響するのは，「課題への適性」「授業の質」「授業の理解力」とした。

このような考え方を，「完全習得学習」に仕上げたのは，ブルームである。それは，次のような手順で進められる。

① 目標を分析し，明確な行動の水準まで具体化する。この作業には，縦軸に「内容的要素（単元，領域）」を，横軸に「行動的要素（目標，能

力，観点）」をとった「目標の具体化表」を用いる。
② 診断的評価（事前の評価）：「前提条件テスト」で，事前に習得しておかないと，これからの学習に支障がある学力の有無を確認して，不備のところは補習をする。そして，「事前テスト」で，これからの学習内容は未習のはずであるが，既習があるかを確認する。あれば，学習計画から除く。
③ 形成的評価（途中の評価）：指導の過程で，5～10時間ごとに，形式的テストで，学習状況（目標の実現状況）を確認し，その結果を教師と児童生徒にフィードバックして，つまずきの発見と回復を行う。
④ 総括的評価（終わりの評価）：単元などの学習のまとまりの終わりに，その間の目標の実現状況（成果）を確認し，未習があれば補習等ですべての目標の実現を果たす。そして，学期，学年の成績として通信簿等に活用する。

完全習得学習は，指導，学習にとっても，評価にとっても，目標の具体化が肝心であることを示し，指導の過程に評価をもち込み，指導，学習と評価の一体化を可能にしたことで，教育評価にとって画期的な貢献をした。

■教育目標と測定目標

①教育目標

教育によって実現を目指す目標のことで，教科，道徳等のそれぞれの領域について，学習指導要領に示されている。この教育目標は，教師にとっては，指導で実現を目指す目標（指導目標）であり，児童生徒にとっては，学習で実現を目指す目標（学習目標）である。

指導・学習目標は，「～について（内容），～できる（能力）」といったように，内容と能力で構成し，記述される。

②測定目標

テスト，観察等で測定する目標のことである。例えば，指導・学習目標が「山という字（内容）を書くことができる（ようにする）」（能力）であれば，測定目標は，「山という字を書くことができる（ようになった）」であり，それを測定して確かめるのである。

このように，指導・学習で実現を目指す状態（指導・学習目標）と測定で

実現したかを確かめる状態（測定目標）は同じである。ただし，指導・学習目標は数が多いので，全部を測定目標にはできない。テスト等の時間，用紙のスペース等に合わせて，指導・学習目標を母集団として，それを見事に代表する見本を抽出して測定目標とする。この手続きが正しく行われていれば，測定しない目標も含めた（指導・学習目標，教育目標）全体の実現状況を，テスト等の結果から正確に推定できる。

■方向目標と行動目標

①方向目標

一般的，抽象的に，できるのが望ましいと方向を示している目標のことで，そのままではテスト，観察等での測定は難しい。

②行動目標

児童生徒の行動の水準まで具体化された目標のことで，テスト，観察等で正確な測定が可能である。この具体化を強く主張したのは「完全習得学習」で，完全習得が，成るか成らぬかは，目標の具体化にかかっているという。指導がよくなり，測定，評価も正確になることは確かである。

■学力と学力構造

①学力

「学習によって獲得された能力」である。学校教育で獲得されることが期待される能力は，学習指導要領に目標として示されている。したがって，学力は，「教育によって，教育目標が実現している状態」ということもできる。テスト，観察等で目標の実現状況を測定しているのは，学力（目標の実現状況）を測定しているということである。

②学力構造

「学力がどのような能力で構成されているか」ということで，構成している能力が明らかになれば，学力を分析して具体的に測定でき，ていねいにみて，指導，学習を改善することができる。これまでの構造論の主なものを示すと，次のとおりである。

●橋本重治の分類

・知的学力……知識，理解，思考（創造，評価）

・技能的学力……技能，作品，表現
・態度的学力（情意的学力）……関心，興味，態度，習慣，鑑賞

　初めは，（　）以外で構成していたが，ブルームのタクソノミー（目標分類学）などの新しい考えや動向を取り入れて，「態度的学力」を「情意的学力」に変え，「創造」と「評価」を加えている。

●ブルームらの分類
・認知的領域……知識，理解，応用，分析，総合，評価
・精神運動領域……模倣，操作，精確，分節化，自然化
・情意的領域……受容，反応，価値づけ，価値の組織化，個性化

　橋本の分類が，能力を並列したものに対して，学力を形成する過程で能力を示している。

●新しい学力観……平成3年改訂指導要録
　「新しい学習指導要領で目指す学力観」を詰めたもので，具体的には，「自ら学ぶ意欲と，……必要な知識や技能を身につけさせることを通して，思考力，判断力，表現力などの能力………」である。これを具体化したのが，次に示す観点である。当時，これを大きな枠組として，教科の独自性を加えて，各教科の観点が設定された。

　「関心・意欲・態度」「思考・判断」「技能・表現」「知識・理解」
　この順序は，重視する順序を示しており，それまで4位だった関心・態度を1位にもってきて意欲を入れ，3位だった思考を2位，2位だった技能を3位，1位だった知識・理解を4位にしている。

●平成22年改訂指導要録の観点
　「関心・意欲・態度」「思考・判断・表現」「技能」「知識・理解」
　これまで学ぼうとする力（関心・意欲・態度），学ぶ力（思考・判断），学んだ力（知識・理解，技能）であったのを，学ぶ力を省き，学んだ力を活用する力（思考・判断・表現）を加えた。
　「学ぶ力を省いてよいのか」「これまで，観点は，単一側面で設定されていたが，『思考・判断・表現』は，知的側面（思考・判断）と技能的側面（表現）の組み合わせであり，他の観点と構造の次元（水準）が異なっていて，違和感がある」などの意見がある。
　さらに，この観点は，学力の三要素として，「基礎的，基本的な知識・技

能」「知識・技能を活用して課題を解決するために必要な思考力・判断力・表現力等」「主体的に学習に取り組む態度」と，学習指導要領等に示されて，法的根拠が与えられている。このことについても，「学力は，社会人として習得しておきたい能力，資質で，その時々の社会情勢によって変わるものである。法的に定めるものではなくて，学問的に研究され，その時々に決定されるべきものである。」との意見もある。

■妥当性

測定技術が，測定しようとしているものを実際に測定している程度をいう。

① 内容的妥当性：測定したい目標全体とその中から選んで検査等で測定する目標とを比べて，検査等で測定する目標（検査等の内容）が，測定したい目標全体（全体の内容）を見事に代表するように抽出された見本であるときに，内容的妥当性が高いという。

例えば，小学3年算数の標準学力検査の内容が，学習指導要領の小学3年算数の内容・目標を母集団とし，それを見事に代表する内容・目標を抽出して構成されているときに，この検査は内容的妥当性が高いという。このように妥当性が高い検査であるかは，手引に示されている。

なお，この手続きがとられていると，測定結果から，測定されなかった目標を含めた目標全体の実現状況が正しく推定できるのである。

② 基準関連妥当性：測定技術が，他の確かに測定していると定評のある技術（基準）と同じような結果を出せる，ということである。

例えば，新しい知能検査での測定結果とすでに定評のある知能検査の測定結果との相関が高いことから，新しく作成された知能検査が，確かに知能を測定しているとする，といったようにである。この場合の相関係数を，妥当性係数という。

③ 構成概念妥当性：測定技術が，構成概念としての心理特性を確かに測定しているということである。例えば，知能は，学習可能性を説明するために構成された概念（特性）である。それを確かに測定しているかは，その概念から予想できる「知能が高い者は，学力も高いはずである」という仮定を，知能検査と学力検査を実施して，高知能の者が高学力であることを実証することによって確かめることができる，といったようにである。

■**信頼性**
　だれが測っても，何回測っても同じ測定結果が得られる性質をいう。
① 　再検査法：同じ検査を同一集団に2度実施して，得点の相関をみる方法である。この場合の相関係数を信頼性係数という。
② 　折半法：同一検査を奇数項と偶数項に折半し，その得点間の相関をみる方法である。この場合の相関係数は，内部一貫性係数ともいう。
③ 　代替検査法：同じ検査を同一集団に繰り返すと，慣れる効果（練習効果），最初の実施で学習する効果（学習効果）などで，結果が変化することがある。これを防ぐために，等質の検査（代替検査）を2つ作って実施する。この2つの検査の相関係数を等価性係数という。
④ 　キューダー・リチャードソン法：全体と各項目の正答率を比較，処理して内部一貫性をていねいにみる方法である。内部一貫性係数ともいう。

第3章 測定技術1
観察法・面接法・質問紙法

◆いくつかの章で，評価資料収集のための測定技術を扱うが，本章では観察法，面接法，質問紙法について，それぞれの長所，短所，実施上の留意点等を述べる。

❶ 観 察 法

　これは，行動，状態などを「見る」ことによって測定する技術である。特別な道具を必要としないので，いつでも，どこでも，だれでも行える技術である。

【長　所】
　手軽に行える。うまく行えば，ありのままの姿，行動，状態を測定することができる。

【短　所】
① 予定しておいて行動を観察するのはなかなか難しい。
② 一度発生した行動を再び観察するには，長時間を必要とすることがある。しかし，長期にわたっての観察は容易ではない。
③ 観察した行動から内面を推定しようとしても，同じ行動でも，内面は違うことがある。行動は観察できても，内面は観察できない。
④ 観察者の主観が入りやすくて，客観性の確保が難しい。

【実施上の留意点】
① 目立つものを見がちになるので，観察する行動，状態を明確に設定して行う。
② 行動，状態が表れそうな場面を選んで観察する。
③ 全体の文脈での位置を意識して観察すると意味が分かりやすい。
④ 観察者を意識すると取りつくろわれる恐れがあるので，意識され

ないように観察する。

⑤ 行動，状態のありのままを観察できるようになるためには，複数の教師で観察して，話し合い，観察力を向上させることである。

2 観察法の記録の仕方

観察法は，客観的で正確な記録によって成立する。記憶に頼ると不正確になり，観察しながらの記録にも限界がある。また，客観性を心がけても，主観性はまぬがれない。工夫と配慮が必要である。

(1) 行動描写法

見るがままに記録をする技術である。実際に行うのは難しいので，録音，録画の機器の力を借りると，繰り返し観察もできる。

(2) 逸話記録法

すべて記録するのは大変なので，有意義な行動，状態のみ（逸話）を記録する技術である。事実のみを記録し，解釈は別に記録して，客観性を確保し，主観性を排除するように努める。

　例:「Aは，Bをなぐろうとしたけれどやめた」

　　　この記録は，「なぐろうとした」は内面なので，観察はできない。観察の記録としては，主観的で，これを次の担任が見ると，乱暴者とそのまま思ってしまう恐れがある。

　事実「Aは，Bに向かって手を挙げたけれど途中でおろした」

　解釈「AはBをなぐろうとしたけれどやめたようだ」

このように記録しておくのがよい。次の担任も，「前の担任は，そう見たようだ」とやや冷静，客観的に受け止めることができる。

(3) チェック・リスト法

観察する行動を，あらかじめリストにしておいて，該当する行動が示されたらチェックをする技術である。

簡単で，すばやく行えるが，その成否は，リストの出来具合にかかっ

ている。多くの教師で協力して，リストの作成に最善を尽くすか，専門家が作成したリストを使用することである。

例：授業中の関心・意欲・態度

行動 (リスト) \ 生徒	生徒A	生徒B	生徒C	生徒D
手を挙げる	レレ			
発表する		レ		
集中する	レレ			レ
やり遂げる	レ	レ		レ

(4) 評定尺度法

行動，状態を，あらかじめ設定された基準に従って，いくつかの段階で，その水準や程度の違いを表示する技術である。多く用いられているのは，点数式評定尺度，図式評定尺度，記述評定尺度である。

① 点数式評定尺度：行動，状態の水準や程度の違いを，該当する段階の点数や記号で表示する技術である。

例：「国語5」「国語への関心・意欲・態度B」

② 図式評定尺度：程度の差を示す段階を，直線上に配置して図式化して，見やすくする技術である。

見やすく，行いやすい技術であるが，精度を高めるためには，A，B，Cのような表示でなく，具体的な程度の違う文章で表示する。

例：「注意」

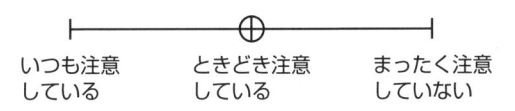

```
    ├─────────⊕─────────┤
   いつも注意    ときどき注意   まったく注意
   している     している      していない
```

③ 記述評定尺度：程度の違う文章記述で段階を表示する技術である。

例：「依頼心」

・自分でできるときでも，すぐ他人に頼ってしまう。（C）

・あくまでも自分でやり遂げようとする.。（A）

　この技術の成否は，どれだけ具体的な文章記述を用意できるかにかかっている。教師みんなで，たくさんの文章記述を収集し，その中から各段階を，具体的で，判断しやすく示している文章記述を選び，練り上げるとよい。

3 面　接　法

　児童生徒と個別に面接して，口頭で質問をし，児童生徒の状態を測定する技術である。問題場面で行うのが口頭試問で，思考・判断・表現も測定できる。

【長　所】
① 　情況に応じて質問の仕方を変えるなどの融通性，詳細に追究できる徹底性，ニュアンスまで察知できる精巧性などによって，深い理解を得ることができる。教育相談の重要な技術であるのは，この特質による。
② 　言葉で行うので，ペーパーで行うのと比べて，低年齢まで広く使える。また，特別な用具を必要としないので行いやすい。

【短所と留意点】
① 　その融通性，面接者の資質の違い，面接場面の違い等で，収集した資料の質が異なり，集計，分析を行いにくい面がある。融通性を限定し，場面をできるだけ統制するとともに，面接の仕方を研修，練習して，面接の精度を高めることである。
② 　個別に面接するので時間がかかる。精密な資料を必要とするものに限って行うことである。
③ 　大変主観が入りやすい技術である。複数で行い，多数の一致により，客観性を確保することである。

4 質問紙法

　質問を印刷して配布し，回答を記入させて，児童生徒の状態を測定する技術である。児童生徒が，自分の状態について回答するので，自己診断法ともいわれる。

　例：宿題は，学校から帰ったら，すぐ行っていますか。

　　ア　いつもすぐ行う　　イ　ときどきすぐ行う　　ウ　すぐには行っていない

【長　所】

① ペーパーテストでは測定が難しい関心・意欲・態度，習慣，行動，性格，適応性，対人関係，道徳性，鑑賞などの測定ができる。

② 一度に多人数にでき，短時間でできる。

③ 観察できない生活史，家庭での生活なども測定できる。

【短所と留意点】

① 収集した資料は，浅くて広いものが多く，深い理解は得にくい。状態を精確にではなく，おおよそを知る資料として用いること，できたら他の技術で収集した資料と併せて用いることである。

② 質問によっては，回答を避けたり，「ある姿」よりも「あるべき姿」を回答することがある。回答しやすい質問から並べたり，クラスの傾向を知りたい場合には無記名にしたりするなどの工夫をする。また，行う目的や資料としての使い方などをよく説明して，ありのままを回答するように求める。

③ 読解力，表現力に頼っている技術なので，読みやすい文章にしたり，回答の仕方を分かりやすくする工夫をするとともに，適用する対象を限定して行うことである。

小事典

■光背効果（halo effect）

目立って優れた特長をもっている者を，他の面もすべて優れていると判断しがちになる傾向のことである。逆に，悪い面で目立つものがある者を，すべて悪く判断しがちになる。これは，負の光背効果といわれる。観察，面接，テストの採点などの際に働くことがある。多数の一致で，客観性を確保するよう留意する。

■寛大の誤り（generous error）

評定，採点の際に実際よりも甘く行い，評定値，得点の分布が高いほうに偏る傾向をいう。「採点が甘い」「評定，採点能力に自信がなくて，低く付けるよりはと高く付ける」「評定値が将来に影響する」「家庭の社会的地位が高い」「評定者，採点者が児童生徒によい印象をもっている」などで，この誤りを犯すことになる。評定・採点基準を設けて，多数の一致で正すことである。

■中心化の誤り（central error）

評定値，得点の分布が，中心に集まる傾向をいう。これは，関心・意欲・態度，思考・判断・表現，行動など，客観的な測定，評定，採点が困難な場合に生じやすい。「測定目標が具体化しにくいので，客観的で正確な測定に自信がもてない」「A，B，Cの3段階であれば，A（高い），C（低い）とする自信がないので，無難なBにして安心してしまう」などで，この誤りを犯すことになる。これを防ぐには，測定目標を具体化し，評定・採点基準を設定することである。

■厳格の誤り（severe error）

評定，採点の際，客観的にではなく，厳しく行うので，分布が低いほうへ偏る傾向をいう。「家庭の社会的地位が低い」「日常，服装，態度，言葉遣いが悪い」「印象が悪い」などが，その際に働くためである。これを防ぐには，

評定・採点基準を設定して，多数で行って照らし合わせて正すとよい。

■信頼関係（rapport）

面接者と被面接者の間に心がつながり，何でも率直に話し合える関係が成立していることをいう。面接法にとっては，その成否を決する核心である。面接者が，受容的態度と共感的理解を示すことによって，しだいに成立していく。

■信頼度尺度（lie scale）

質問紙法の短所は，正直に回答しないことがある点である。現実の「ある姿」よりも，理想的な「あるべき姿」を答えたり，わざと逆に回答したり，いいかげんに回答したりするなどである。したがって，これを防ぐために，実施の際に目的を説明し，ありのままを回答するように求めたり，回答の信頼できる程度を測定する質問を入れておいて，尺度を作り，その程度を判断したりする。その尺度を信頼度尺度という。

■ルーブリック（rubric：評定基準）

問題（実行・活用）場面での測定は，観察が中心となるので，その測定技術としてパフォーマンス・アセスメント（実行・測定）が提唱されている。観察の拠りどころとなるルーブリックは，目標の実現状況を表示する数段階とそれぞれの段階基準（文章表現，作品など）で構成されている。なお，これだけでは，当てはまる段階を判断しにくいことがあるので，判断事例を示して，正確な判断を期している。

評価指標と記されているが，測定結果の表示で，評定基準と同様のものである。作品についても，従来，各評定段階を示す作品を選んで基準とし，それと各作品を照らし合わせて評定が行われていた。ルーブリックは，評定基準とし，評定のていねいな行い方として参考にするとよい。なお，評定基準は，できたら判断事例で補わなくても，客観的に正確に判断できるように，具体的に，一義的で，明確な文章記述にするのが望ましいことはいうまでもない。

第4章 測定技術2 教師自作テスト

◆教科教育の測定技術の一つにテスト法があるが，標準化の有無により教師自作テストと標準検査に分類できる。教師自作テストの作問法の基礎について述べる。

　教科教育では，評価の資料を収集するために，教師は自分で作ったテストを用いる。これを教師自作テストという。自作の負担を軽減するためと，能力の差による作問されたテストの質の差を防ぐために，代わりに作られているのが市販テストである。これらのテストに用いられている測定技術には，長所と短所があるので，よく精通した上で，作成，実施したいものである。

1 論文体テスト

　「～について述べよ」「～を説明せよ」などの形で出題し，文章で小論文風の解答を求める技術である。口頭試問（面接法）とともに古くから用いられている伝統的な測定技術である。

　　例：大化の改新について知るところを記しなさい。
　　　　日本国憲法を明治憲法と比較して，その特徴を述べよ。

【長　所】
　説明，推理，比較，要約，分析，応用，鑑賞，批判，態度など，複雑で高度な学力を測定できる。

【短所と留意点】
　① 採点が主観的になりやすい。採点基準を用意して，客観的に採点できるようにする。また，答案の中から，段階の基準になる答案を選び出して見本とし，それと比べながら採点，評定するのも有効で

ある。
② 大きな問題は、解答がいろいろになり、採点がゆれる原因となる。解答の方向、内容に制限を加えた出題をする。
③ 解答に時間がかかり、たくさん問題を出せないので、教育した内容のごく一部しか測定できない。解答に時間を要しない技術と組み合わせて全体の出題数を多くし、全体の学力を測定するようにする。

2 客観テスト

論文体テストの採点の主観性を批判して、ソーンダイクとその協力者たちによって開発された。採点が客観的に行える測定技術である。

(1) 真偽法

短文について、正しい（○、真）か誤っている（×、偽）かのいずれか一方を選んで解答する技術である。

例：次の文を読んで正しかったら○、誤っていたら×をつけなさい。

長方形の2つの対角線は直角に交わる。（　）

【長所】

作問しやすく、採点が客観的に行える。判断力が弱い小学校低学年や選択肢が2つしかできない場合に有効である。

【短所と留意点】

① 最大の短所は、偶然的中の危険があることである。解答に、○×○×とか、前半○後半×とか、特異な傾向が見られるものは0点とするとか、正答数から誤答数を引いて得点とするなどの工夫をする。
② 問題の配列は、正誤をランダムにし、正誤をたえず考えさせるようにする。
③ 出題は、正誤を明確にし、短文の一部正しい、一部誤りなどはしない。
④ 出題は、正誤をほぼ同数とする。

(2) 多肢選択法

　多くの選択肢の中から正答を選んで解答する技術である。選択肢の数によって3肢選択法，4肢選択法というので，(1)の真偽法は2肢選択法ともいえる。なお，正答でない誤答の選択肢のことを，判断を迷わせるためということで，迷わし手ともいう。

　例：次のア〜エの中から正しいものを選んで，記号で答えなさい。
　　　Spring comes (ア. to　イ. after　ウ. on　エ. before) winter.

【長　所】
① 比較して判断するので，思考力，判断力も測定でき，客観テストの中で最も用いられる技術である。
② 選択肢をうまく作ると，学力があるかないかをかなり明確に弁別することができる。テストが具備すべき特性，弁別度が高い。

【短所と留意点】
① 誤答の選択肢をもっともらしく作るのが難しい。自由に解答させ，多い誤答を選択肢に用いるのが一つの方法である。
② 正答の位置が偏りがちである。ランダムになるよう配慮する。
③ 選択肢の数が少ないと，偶然に的中することがある。4肢以上であればある程度防げるので，4肢以上にするとよい。
④ 正答は長くなりがちなので，選択肢の長さをそろえるようにする。

(3) 組み合わせ法

　左右，または上下の2列にいくつかずつの事項を並べて，関係のある事項を線で結ぶか，記号で解答させる技術である。

　例：次の単位は，何をはかるのに使いますか，線で結びなさい。

　　　　グラム　　　・　　　　・長さ

　　　　キロメートル・　　　　・広さ

　　　　　　　　　　　　　　　・重さ

　　　　　　　　　　　　　　　・かさ

【長　所】

　２つの事項間の関係について，知識や理解を測定するのに適している。

【短所と留意点】

① 　左右同数だと，正しいものから結んでいくと最後は分からなくても正解することができる。片方の事項数を２つくらい多くして，最後まで考えさせるようにする。

② 　いろいろな関係が入っていると，特定の事項間の関係が理解されていることを測定しにくい。一定の関係についての事項で出題し，その関係が理解されているかどうかを明らかにすることである。

(4) 　単純再生法

　正答を選択させるのではなくて，書かせて解答させる技術である。単純な答えは書かせても，採点は客観的にできるということである。

　例：月光の曲を作曲したのはだれか。（　　　　　　）

【長　所】

　漢字，数字，人名，地名など，解答が単純なものの測定に適している。以前から「採点が客観的に行えるのであれば，選択させるよりも，書かせたほうが，学力の深さ，確かさを確認できる」と言われていたが，このことを改めて主張しているのが，パフォーマンス・アセスメント（実行・測定）である。

【短所と留意点】

① 　予想外の正答やいろいろな正答が出た場合，採点が客観的に行えないことがある。正答が明確な出題をし，念のために採点基準を設けておく。そして，予期しない正答も正解とすることである。

② 　単純な知識や断片的な知識の習得を促す可能性がある。この技術を多く使いすぎないようにするとともに，できるだけ重要なものにしぼった出題をすることである。

③ 　正答が分かっていながら，誤って書いたり，違う書き方をするこ

とがある。書き取り以外では，正答を知っていると思われるものには，いくらかでも得点を与えるのがよい。

④　解答欄の大きさが，正答の大きさ，長さを暗示することがある。解答欄は，できるだけ同じ大きさにする。

(5) 完成法

文章，計算の過程，式，図などに空所を設けて，当てはまるものを記入して解答させる技術である。

例：次の文中の（　）に適当な言葉を入れなさい。

　　天皇は，日本国の（　　）であり，日本国民統合の（　　　）であって…

【長　所】

かなり複雑な関係を含んだ文脈の中で正答を導き出すので，比較的高度の理解力，思考力，判断力を測定できる。

【短所と留意点】

①　空所が多いと文脈が分かりにくくなり，思考，判断を妨げる。文脈が分かるように，空所は，1つの文では2箇所まで，できたら1箇所とする。

②　空所を重要でないものにすると，重要部分を知っているか，理解しているかを確認できない。空所は，枝葉末節は避け，重要部分とする。

(6) その他の客観テスト

順不同に並べた項目を年代順，作業順，大小順などに並びかえさせる配列法，文章や図などで誤っている部分を訂正させる訂正法などがある。

例：配列法　次の年号に古い順に，1～4の番号を入れなさい。

　　　　　　（　）大正　（　）昭和　（　）平成　（　）明治

例：訂正法　次の文の誤ったところに下線を引き，正しい答えを，その下に書きなさい。

　　　「解体親書」を著したのは，前野良沢，杉田玄白らである。

3 問題場面テスト

　問題場面を呈示し，習得している知識や技能を駆使してその問題を解決させて，解答をさせる技術である。出題の仕方には，論文体テスト形式と選択法形式とがある。

　例：論文体テスト形式

　　　一郎は，朝早く，まだ暗いうちに起きて，庭のけさ咲くと思われるかぼちゃのめばな5こに紙袋をかぶせて，もとのところをひもでしっかりしぼっておいた。これらの花は実を結ぶか。また，そう思うわけを書きなさい。

【長　所】

　客観テストは単純な知識を測定し，大切な思考力を測定できないとの批判があり，思考力を測定するために考案されたのが，問題場面テストである。ウェスマンは，客観テストは「何を知っているか」を問い，論文体テストは，「何を語ることができるか」を問い，問題場面テストは，「何を発見することができるか，何を為すことができるか」を問う技術であると述べている。すなわち，思考力，応用力，創造力，そして，思考・判断・表現力を測定できる技術である。

　「生活に関係のある問題場面で，思考，判断した解答を書かせれば，思考・判断・表現を測定できる」「知識・技能は，問題（生活課題）場面で解決に活用させて測定すれば，必要なときに使用できる確かな学力になっているかを測定できる」ということである。

【短所と留意点】

① 作問が大変である。問題集や問題事例集などの中から，優れていると思われるものを選んで使ったり，参考にしたりして作問する。
② 解答に時間がかかる。この技術で出題すると，スペースと時間を取り，全体の出題数が少なくなり，学力全体を測定できなくなる。授業中にときどき行うか，1，2題に出題数を限定し，時間がかか

らない技術と合わせて用い、全体の出題数を増やすようにする。

4 作品法

作文、レポート、ノート、絵画、工作など、教育の成果である作品を採点、評定して評価のための資料とする技術である。

【長所】

習得している知識・技能を使って作られたり、思考、判断して表現されたりしているものなので、生活で使える確かな学力であることが確認できる。これらの成績物・作品を集めたものをポートフォリオという。

【短所と留意点】

① そのままでは、評価の資料としては使いにくい。採点基準を設けて得点化するか、評定基準（段階見本作品）を定めて評定を行って、評価の資料にすることである。

② 作成される過程が見えにくい。完成品だけでなく、下書き、試作品など過程が見えるものも、収集しておくことである。

③ ポートフォリオ・アセスメントでは、当事者が有効と思うもののみを収集する考えのようであるが、当事者の主観の影響は避けられない。評価のために有効かどうかは、活用する人によって異なるので、無駄になるかも知れないが、後で参考にする人のためには、できるだけ多く収集しておくことである。

なお、以上に述べた教師自作テストは、学級、学校の範囲で、実施、採点、結果の解釈ができるが、それを超えてはできない。その点、標準学力検査（第11章）は、全国どこでも、同じように実施、採点でき、結果は全国標準で解釈できる。長期的評価での学力水準の確認、知能との比較に大変有効である。教科書とは異なる材料での出題なので、異なる場面でも使える確かな学力を測定できる特長がある。併せて用いたい。

小事典

■再認形式と再生形式

　記憶の確かめ方で，〇△□◇を示して，正方形はどれかと「見つけさせる（見分けさせる）」技術を再認形式という。そして，画用紙に，三角形を書いてごらんと「思い出して書かせる」技術を再生形式という。したがって，真偽法，多肢選択法，組み合わせ法など，正答を見つけさせる（見分けさせる）技術を再認形式といい，単純再生法，完成法，配列法，訂正法など，思い出して正答を記入させる技術を再生形式という。

　生活課題を解決するのに使える「確かな学力」を測定できるのは，再認形式よりも再生形式である。学力検査で再生形式を使用した測定は，パフォーマンス・アセスメント（実行・測定）であるとの意見もある。

■ポートフォリオ（portfolio：作品集）

　元来，入れ物，容器のことで，作品を集めた画集，顧客リストの紙ばさみなどがその例である。教育においては，「学習者が，目標を達成するまでの過程や達成したことを示すものを計画的に集めたものである」と定義されている。ファイル式の教育資料簿ということができる。教育とその成果について，分かりやすく，確かな資料（証拠）を集めたものなので，保護者等へ，教育と評価について説明責任を果たすための有効な資料である。

　ポートフォリオは，児童生徒だけでなく教師についても作成するように提唱されている。従来は，児童生徒についての資料の収集，保存がもっぱらであったが，これからは，教師自身についての資料，例えば，指導案，研修会の報告なども，収集，蓄積，保存することの提唱である。教育評価の主体と対象が拡大してきている現状を考えると，教育関係者すべてのポートフォリオを作成するように，という傾聴に値する提唱と受け止めるべきであろう。なお，収集するのは当事者が有効と思うもののみの考えのようである。有効かどうかは，後で活用する者によって異なる。できるだけ何でもが，現実的である。このほうが何を収集するかで悩まず行いやすい。

第5章 就学時健康診断・入学試験等
——事前の評価

◆各学校では事前の評価として、どのようなものがあるか。管理目的である事前の評価であるが、進学先では指導に生かす事前の評価資料ともなる。

　小学校では、就学前に心身の発達状態を確認し、適正就学を行っている。中学校、高等学校では、学校によって違いはあるが、学力検査、送付された指導要録の写し、調査書等で学力を確認し、新入生の選抜や学級編成を行っている。なお、障害のある児童については、ていねいに資料を収集し、適正就学を行っている。

　これらはいずれも、収集した資料から入学後の教育の可能性を予測し、成果が期待できる選択・選抜を行い、学級編成などを行っている。管理目的で行う事前の評価である。

　なお、幼稚園、小学校、中学校ではそれぞれ終わりの評価で、一人一人の成長を確認し、その間の教育（保育）をていねいに評価（値ぶみ、点検、反省）する。その結果は、指導要録よりは詳しい貴重な資料なので、進学先へ送付して、進学先では事前の評価の資料としてしっかり活用する、というようにしたいものである。

1 小学校：就学時健康診断

　就学児の心身の発達状態を身体・健康検査、集団知能検査、個別知能検査、社会生活能力検査、面接、観察、そして必要に応じて機器や用具による機能検査等で把握し、どの教育の場で教育を行うのが最も適正であるかを、関係組織で慎重に予測、協議し、就学相談、就学指導により、適正就学を行っている。

(1) **就学時健康診断の内容と措置**
① **内　　容**
学校保健安全法第11条で，次の検査を行うことになっている。
　① 栄養状態，背柱及び胸郭の疾病及び異常の有無，視力及び聴力，眼の疾病及び異常の有無，耳鼻咽頭疾患及び皮膚疾患の有無，歯及び口腔疾病及び異常の有無，その他の疾病及び異常の有無，である。
　② それぞれの詳細については，学校保健安全法施行規則の第3条に，方法及び技術的基準が示されている。その「その他の疾病及び異常の有無」で，知能については適切な検査によって，知的障害の発見につとめることが記されている。

② **健康診断の結果と措置**
　① 疾病や異常のある者は治療するように勧告し，予防接種を受けていない者には受けるように指導する。
　② 栄養要注意の者には保健上必要な助言をする。
　③ 虐待などが疑われる場合には，児童相談所等に連絡する。
　④ 盲者，聾者，知的障害者，肢体不自由者，病弱者等の疑いがある場合には，適切な就学相談，就学指導を行う。

(2) **就学相談**
　① 心身に障害があるために，教育上特別な配慮が必要と診断された者に対しての適正な就学先の判断は，県，市区町村に設置された就学指導委員会で行う。
　② 委員会は，専門医，学識経験者，学校教育関係者，行政関係者で構成されている。
　③ 委員会での協議，判断に先立って，訓練を受けた相談員によって就学相談が行われ，面接，検査，観察等で，判断のために次のような資料を収集する。
　　・面接：生育歴，既応症，始歩期，発語，生活習慣の自立，家族構

成，家族との関係，就学希望先などについて問う。
- 検査：健康診断では集団知能検査を行うが，相談では精密な資料を収集するためにK-ABCなどの個別知能検査を行う。身辺自立，移動，作業，意思交換，集団参加，自己統制などを診るために，社会生活能力，社会成熟度の検査等を行う。また，障害によっては，専門的な機器や用具によって機能の検査を行う。
- 観察：面接室で，遊具等への関心の向け方，相談員の働きかけへの応答，相談員の指示，刺激の受け止め方，言語行動，発声発語，多動性常同行動，表情，まなざしなどを観察する。

(3) **就学指導**

① 就学相談で収集した資料に基づき，就学指導委員会は，障害の種類と程度，性質等を診断し，最も適正と思われる就学先を判断する。

② 就学先としては，軽度の場合は，通常の学級，あるいは通常の学級に籍を置いて必要に応じて特別支援学級へ通級をする。そして，程度によって，特別支援学級，特別支援の養護学校と，全員就学が原則である。ただし，特別な事情によっては就学義務の猶予または免除が認められることもある。

③ 就学指導委員会が判断した結果に基づいて，保護者と話し合いによる就学指導を行う。十分な話し合いの上で，保護者が同意して，初めて就学先が決定することになる。

④ このように，必要な資料を収集して，将来を見通して教育的決定を行うのは，「事前の評価」の典型的な例といえる。ただし，これが真の評価となるのは，就学先で教育によって成果が上がったことを確認できたときである。就学指導委員会が就学先を適正に決定することは，資料収集と決定（アセスメント）で，就学先で教育が予想どおり機能していることを確認（値ぶみ，点検，反省）して教育評価（エバリュエーション）になる，ということである。

2 中学校：新入生学力検査・入学試験等

　ふつう，公立中学校では入学試験は行わない。しかし，複数の小学校からの新入生を迎える学校や，補習をしてから教育を始める必要があると考える学校では，新入生の学力を把握するために，標準学力検査などを実施している。

　国語，社会，算数，理科について実施されているが，英語が小学校で教育されるようになれば，英語も実施されることになるであろう。

　なお，小学校で標準学力検査6年用を実施し，終わりの評価を行い，その資料を中学校へ送るのも一つの方法である。

　また，入学後の「これからの教育」を予測，評価する資料が，学力（これまでの現実）だけでは不十分である。知能（これからの可能性）をぜひ加えたいものである。

　いずれにしても，新入生の学力（過去の実績）と知能（未来の可能性）を測定して，学級編成に活用するとともに，補習も含めた各教科の指導計画，指導方法をていねいに考える事前の評価が必要ということである。

　日本の教育については，幼稚園，小学校，中学校，高等学校，大学と縦のつながりが弱く，節目節目が傷んでいる関節炎であるとの意見もある。小学校の終わりの評価が，中学校の事前の評価になるように，両者をつなぐ評価として，別々にではなく両者で協議し，協同して行いたいものである。

　そのためには，大学の入試センターを学力調査センターに改め，小学校，中学校，高等学校の終わりに，それぞれを集大成した終わりの評価のための学力調査を行い，入試にも活用するのがよいであろう。

　なお，新入生学力検査等の結果を資料として行った事前の評価が，真の評価になるのは，入学後の教育が予想どおり機能して実績を挙げていることを確認したときである。

3 高等学校・大学：入学試験

　入学試験は，高等学校では入学後の教育の可能性，大学では教育と研究の可能性を見通すために行われるはずである。ところが，現実には，高校入試は，中学校で習得した学力（過去）を，大学入試では，高等学校で習得した学力（過去）を主として測定している。

　その結果は，中学校，高等学校の「終わりの評価」には適した資料ではあるが，高等学校，大学にとっては入学後を見通す「事前の評価」の資料としては，「将来」についての資料が欠けている。小学校就学時健康診断で活用されている知能検査は，すでに述べたように，入学後の学習の可能性（将来）を予測する資料として創案されたものである。大学入試では，一時進学適性検査を実施していたことがあった。これが，知能検査に当たるもので，その後廃止されたのが惜しまれる。

　日本人でノーベル賞を受賞した学者の中に，何人か入試で失敗し，浪人した人がいると聞く。その入試は，「過去」の測定にこだわりすぎて，「将来」特に研究能力を測定していなかったといえよう。知能検査，創造性検査等を併せて実施していれば，そうした優れた研究者になる素質の所有者を不合格にすることはなかったと思われる。

　高等学校，大学の入試は，中学校，高等学校の終わりの評価と高等学校と大学の事前の評価とを合わせて，少なくとも，学力検査と知能・創造性検査を行うことである。

　その結果に基づいて，選抜，学級編成，補習なども含めた教育計画を立てて実施をし，その後の教育で成果が上がったことを確認できて初めて，入学試験が真の「事前の評価」となるのである。

第6章 教科教育における評価1
単元での指導・学習と評価の一体化

◆単元における目標の設定のあり方を説くとともに,「事前の評価」「途中の評価」「終わりの評価」について,指導・学習と評価の一体化とは何かを考える。

　かつて評価は,学期末,学年末に行われるのが,ほとんどであった。それを,一時間,単元という指導・学習の過程で行い,指導・学習と評価の一体化を可能にしたのは,完全習得学習である。キャロルの「学校学習のモデル」を基礎として,ブルームらによって提唱されたものである。それを基本に,これまでの提唱,研究,実践を参考に,単元での指導・学習と評価の一体化を考えてみる。

1 目標の設定——具体化・明確化

　一時間にしても,単元にしても,指導・学習の目標があり,その目標を実現するのが授業である。その大本の目標のすべてを示しているのが,学習指導要領である。ただし,それは一般的,抽象的に示されていて,そのままでは一時間や単元の目標には使えない。具体化,明確化する必要がある。

(1) 具体化

　すべての教師にどう指導し学習させたら実現できるか,指導・学習の仕方が思い描ける水準まで具体的にすることである。そのとき各教師が思い描く有効な指導・学習の仕方が,ほぼ同じであるのが理想的である。

(2) 明確化

　すべての教師が一義的に理解できるまで明確にすることである。例えば,「九九を唱えることができる」という目標は一義的に明確に理解で

き，「繰り返し唱えさせればよい」と，指導の仕方を，すべての教師が思い描くことができる。しかし，「九九を唱えることができる。生活で使える」という目標だと，後半の「生活で使える」は，具体的にはどういうことかが明確でないので，教師によって理解が異なり，指導・学習がばらつき，不徹底になりやすい。「生活で使える」は別にし，もっと具体的に示す必要がある。

(3) 完全習得

　目標が具体的で，明確であれば，すべての教師が指導・学習の仕方を思い描け，それぞれの教師なりに最高の授業ができる。また，目標の実現状況の測定の仕方もよく分かって，正確な測定，適切な評価ができる。指導がよくなり，評価が適切に行えるので，すべての児童生徒は，目標を実現できる。完全習得学習の成立である。その核心は，目標の具体化，明確化である。

(4) 「観点」目標の考え方と具体的設定

　各教科の観点は，「関心・意欲・態度」「思考・判断・表現」「技能」「知識・理解」を基本的枠組として教科の独自性を考慮して設定されている。

① 関心・意欲・態度

　「学ぼうとする力」で，「関心」とは，文字どおり，対象（刺激）に心がかかわっている状態で，提示された課題，教材，教科書等を「見ている」，教師や友達の説明や話等を「聞いている」ということである。「見なさい」「聞きなさい」と促し続け，促さなくても「見ている」「聞いている」ようにし，いつでも自然に「見たり」「聞いたり」しているよう身に付け，学習態度に育てるものである。

　「意欲（的）」とは，自分で（自主性），進んで（積極性），集中して（集中力），終わるまで（持続力）学習に取り組んでいる状態である。課題，教材等を具体的，魅力的に提示したり，興味をひくように面白く，

理解しやすく説明したり話したり（話術）して，意欲的に取り組ませるように工夫をし（動機づけ）続け，何事にも意欲的に取り組む学習態度に育てることを究極のねらいとしている。

　単元，本時の目標としては，それぞれの内容への「関心・意欲・態度」として設定し，指導・学習をし，その実現状況を測定し，評価をするのが一般である。

　ただし，上の説明から，小学校低学年あるいは単元の導入の段階では，「見ている」「聞いている」をリストとしてチェックすることを中心に，中学年以上あるいは単元の展開の段階からは，「自分で」「進んで」「集中して」「終了まで」をリストとしてチェックすることを中心に，指導・学習，測定，評価を行えばよいとの考えもある。これは，目標の具体化をそれぞれの単元ごとに行わなくもよいとの考え方である。

② **思考・判断・表現**

　「学んだ力を活用する力」である。その単元で学んだ知識，技能が，具体的な課題の解決に使える学力，確かな学力，活用できる力になっていることである。これは，生活課題解決学習で育てられるものなので，その機会を増やすことであるが，生活課題の設定がなかなか容易ではない。そして，その目標の実現状況は，問題（生活課題）場面テスト，実行場面での観察，実験場面での観察，それらの記述式解答，レポート，発表，作品等によって測定する。

　確かな学力になっているかを測定する知識，技能は，それぞれ具体化されているので，それをどう指導・学習して実現するか，また，実現しているかをどう測定するか，つまり，指導・学習の仕方，測定の仕方の工夫に力を注ぐべき「観点」である。その単元で学習した知識や技能を駆使して解決させる問題の作成，課題の設定は，容易ではない。

③ **技能，知識・理解**

　「学んだ力」である。指導・学習の結果，習得した学力のことで，単

元，本時で，ぜひ実現を果たすべき目標である。単元，本時の目標の中核で，習得できたかどうかを最も確かめるべき目標ということである。したがって，すべての教師が，指導の仕方，学習のさせ方が分かるまで，また，測定の仕方が分かるまで，具体化，明確化すべきなのは，この「技能」「知識・理解」（目標）である。

(5) **目標の具体化総覧の作成——公（文部科学省）の役割——**

目標の具体化が，教育・授業の成否を決めるといっても過言ではないが，これを，教師各自で行うのは困難である。公（文部科学省）が，学習指導要領の目標を具体化し，総覧を作成して，「これが，小学校，中学校，高等学校で習得させてほしい目標の具体化総覧，目標のすべてである」と提示することである。特に知識，技能については，ぜひ行うべきである。

これによって，すべての教師が目標を共有できる。評定が，教師の主観性が強くて信用できないといわれる根本の原因は，目標が共有できていないことにある。「目標の実現状況が90％だから5を付けた」といっても，教師によって目標総覧が異なっていれば，同じ5といっても，教師によって中味が異なり，同じものとしては扱えない。信用されない理由の根本である。この克服のために，目標の具体化総覧を作成し，教師に共有させられるのは，公である。

(6) **単元ごとの具体化一覧の作成——公（教科部会）の役割——**

公（文部科学省）で作成される目標の具体化総覧は，教科書を超えた水準なので，具体化はいま一歩であろう。そこで，公（各市区町村教育委員会）の教科部会か，公（教科書共通地域）の教科部会連合，あるいは教科書作成者で，公（文部科学省）の目標の具体化総覧をさらに具体化，明確化して，教科書の単元ごとの目標具体化一覧を作成し，各教師に配布することである。

なお，公（文部科学省）が目標の具体化総覧を作成しない場合は，公

（教科部会），教科書作成者で，目標具体化一覧を作成することである。これは，教育をよくし，評価・評定を適切にするためには，避けて通れない課題である。

大変な作業ではあるが，一度その作業をしておけば，後は少しの手直しで使い続けることができる。まずは公（文部科学省）で行い，公（各教科部会）等で手を加えることである。以上のことについては，第2章でおおよそは述べたが，核心なので，あえて繰り返し述べたのである。

2 事前の評価——準備状態の確認と整備

新しい単元へは，「事前の評価」を行い，万全を期して入るべきだとの考えがある。

(1) 前提条件テスト——準備状態の確認と補習——

それ以前の教育で習得しておかないと，これからの単元での目標実現に支障をきたすものがある。その内容，目標の習得状況を測定するのが，前提条件テストである。未習の内容，目標が明らかになれば，補習をし，準備を調えてから新しい単元に入るということである。

これは，すべての単元で，評価が，「事前」「途中」「終わり」とシステム化され，機能していれば，それ以前の単元の「終わりの評価」が「事前の評価」となり，省略してよいものである。

(2) 事前テスト——未習，既習の確認と対応——

前提条件テストで，未習があれば補習を行い，すべて既習であれば，次に事前テストを行う。事前テストは，これから入る単元の内容，目標は未習のはずであるが，既習があるかも分からない。既習のある児童生徒は，その部分を指導・学習するときには，深化，拡大の学習をするか，次の学習に進むほうが，効率的ということである。

ただし，これを行うためには，別に指導・学習計画とそのための教材を準備する必要があり，日常的に行うのは大変ではある。

(3)　「事前の評価」の現実

　実施するテストの作成には，高度の専門的能力が必要である。補習を行う時間はない。指導・学習の個別化，個性化も困難である。理想的ではあるが，日常的に行うのには無理ということである。研究的に時々行い，考え方を生かす手だてを自分なりに工夫し，授業の改善に生かすことであろう。

　なお，「事前の評価」はブルームらが「診断的評価」として提唱したものである。評価は，本来診断的であり，「診断的」では「事前」という時期を示せない。そこで，時期を示す「事前」を用いるほうがよいと考えて，本書では，「事前の評価」としたのである。

3　途中の評価——指導・学習の過程における評価

　指導・学習の過程については，およそ次のように考えられる。

(1)　第1段階：知識，技能の習得と評価

　まず，単元の中核的目標である知識，技能を一斉指導・学習で習得させられる計画を作成，実施する。単元の中核的目標である知識・技能の習得の徹底である。その知識，技能が習得されたかは，小テスト，観察，発問への応答などで測定する。習得が十分であれば，授業はよかった（評価）として次へ進む。目標実現が不十分な部分があれば，授業を評価（値ぶみ，点検，反省）し，改善して，授業をし直し，未習の目標を実現させて次へ進む。この場合の評価は，途中の評価で完全習得学習の形成的評価に当たる。

(2)　第2段階：「確かな学力」「思考・判断・表現」の育成と評価

　習得した知識や技能等を，生活で使える「確かな学力」「生きる力」にするために，それらを駆使して，生活課題での課題解決学習，実験，作業等を行わせる。6割以上の者ができたことを確認（測定）し，小集団学習，協同学習に切り替える。この確認（測定）と適切な切り替えも，

途中の評価の役割であるが，6割以上できたという確認（測定）はなかなか大変である。

有能な教師は，机間巡視，観察して行えるようであるが，児童生徒に表明させる技術もある。

① 自己確認と表明

ある小学校では，キャップサインと称して，赤帽を机上に置き，できたらかぶって表明させていた。ある中学校では，赤，黄，青の円すいを用意し，できていない間は赤を立て，そろそろできそうで黄をかぶせ，できたら青をかぶせていた。カラーサインという。いずれも，はっきりした色を用いているのは，できた者の数を，観察で把握（測定）しやすいためである。

② 小集団学習・協同学習・チームティーチング

6割以上できたら小集団学習に切り替える。できている者ができていない者を指導できるように，できている者，おおよそできている者，できていない者で，バランスよく構成する異質集団がよい。

また，習熟度別の等質集団に切り替え，複数の教師でチームティーチングを行うというやり方もある。この場合，3種のカラーサインは，習熟度別学習を3グループに分けて行うのに，大変有効である。

そして，小集団学習にしないで，個別にていねいに指導するやり方もある。

③ パフォーマンス・アセスメントの生かし方

「確かな学力」に育成する場面における測定に，パフォーマンス・アセスメント（実行・測定）は有効である。例えば，次に示した理科の観察学習のように，評定基準（ルーブリック）と評定事例を設定して，目標の実現状況を見て回って把握（測定）すれば，状況に応じて適切な指導・学習が展開できる。すべての児童生徒に「確かな学力」の育成が期待できるとともに，「思考・判断・表現」の育成と測定・評価も行える。

9 天気の変化(1)：雲の動きと天気の変化【B生命・地球(4)】

■**学習活動**
・1日の雲の様子と天気の変化を時刻を変えて調べる。

■**評定規準**（観察・実験の技能）
技① 雲の様子を観察するなど天気の変化を調べる工夫をし，気象衛星やインターネットなどを活用して計画的に情報を収集している。
技② 雲の量や動きなどを観測し，その過程や結果を記録している。

■**評定基準**

おおむね満足（B）	十分満足（A）
技② 時刻を変えて雲の様子を観測し，雲の形や量，動き，天気などの視点で結果を絵や文で記録している。	・諸感覚を使って事実を的確にとらえ，時刻による様子の違いを正確に絵や文で記録している。

■**評定事例**

(1) 1日の雲の様子と天気の変化を時刻を変えて調べる場面（技②，ワークシート）

■Bとする例 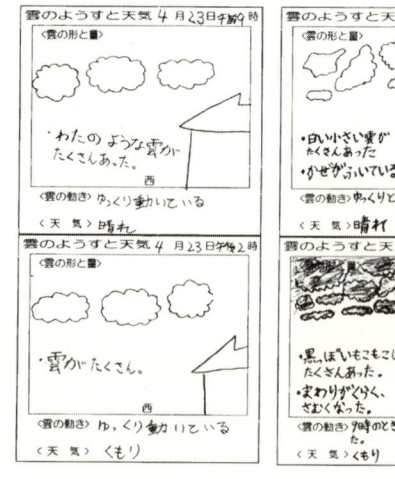
【判断のポイント】指示された4つの視点が記録されている。雲の形や量などの面で，スケッチに正確さが欠けている。

■Aとする例 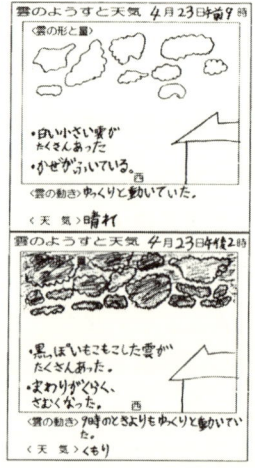
【判断のポイント】多様な視点で色や体感温度など事実を的確にとらえ，時刻による様子の違いが明確にスケッチされている。

■Cとする例 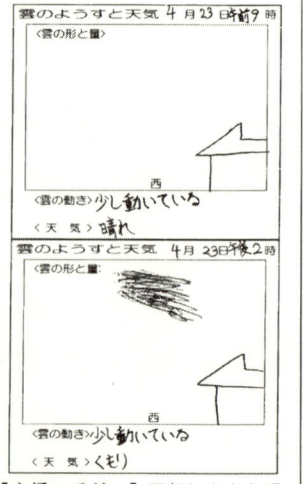
【支援の手だて】天気にかかわる雲の形や量の視点が不明確で，曖昧に観測，記録している状況が見られるので，視点を具体的に示してそれらの記録を促したり，実際の空や他者の記録と自分の記録とを比べる助言を行ったりする。

図　パフォーマンス・アセスメント例（小学校5年理科）

（『観点別学習状況の評価規準と判定基準』北尾倫彦（監），山森光陽・鈴木秀幸（全体編集），図書文化より。引用中の「評価規準」を「評定規準」に，「判断事例」を「評定事例」と修正してある。）

4 終わりの評価

(1) 第3段階:「確かな学力」「生きる力」への仕上げと評価

協同学習，習熟度別学習，あるいは個別学習等で，すべての児童生徒が，目標の実現を果たしたことを確認（測定）し，教育はよかったと評価して終わることになる。

① 具体的な行い方

この段階での学習が協同学習であれば，できている者ができていない者を指導して，すべてができるようにする。よくいわれることであるが，子どもの説明は，子どもによく分かり，有効のようである。

ある小学校では，各集団ごとに色の違う円柱が用意されており，集団のみんなができると机の真ん中にどんと立てる。「できた」，「学習がうまくいった」という確認（測定）は，児童生徒自身が行い，表明するのである。そして，出来具合を確かめるために，教師は，各集団から一人ずつ発表をさせる。発表は，同じ代表者がいつも行うのではなく，成員のすべてが輪番で行う。すべてに「思考・判断・表現」（活用力）を育てるためでもある。

ふつう，単元末の終わりの評価は，単元末テストで目標の実現状況を確認（測定）して行うことになる。

ただし，例に挙げた理科の観察学習のような場合，終わりの評価での，目標の実現状況の確認（測定）は，例に示した評定基準と評定事例によって行う。

② 「努力を要する」の比率0％

終わりの評価で最も注目すべきは，評定「努力を要する」の比率である。単元末テスト等で全体の評定，観点別の評定を行ったとする。授業は，目標を実現するための営みであるので，目標の実現状況が評価の基本的資料である。評定の「おおむね満足」以上が，一応「実現できた」

ということなので,「実現できていない」「努力を要する」がいなければ,授業はとてもよかったと評価(値ぶみ)される。これが少ないほどよい(評価)授業であり,多いとこのまま続けてはいけない。値ぶみ,点検,反省し,改善して行わなければならないということになる。平均よりは,「努力を要する」を気にすることである。

5 単元におけるテストの作り方・行い方

完全習得学習は,単元の学習においては,5～10時間(1～2週間)で,途中のテスト(形成的テスト)を実施して,途中の評価(形成的評価)を行い,最後に終わりのテスト(総括的テスト)を実施して,終わりの評価(総括的評価)を行う。途中の評価は,小テスト,観察,発問などで資料を収集して行い,終わりの評価は本格的テストを実施して行う。いずれにしても中心となるテストなので,その作り方,行い方を考えてみる。

① 測定目標の設定

最初に,単元で実現すべき目標は,具体化されて一覧が作成されているので,途中のテストの場合はその間に実現を目指した目標を,終わりのテストの場合はその単元の目標全体を母集団として,テストの時間,用紙のスペース等に合わせて,適切な量の見本を抽出して測定目標とする。

② 測定技術の選択,作成

教師自作テストの章で述べたように,目標によって適合した技術があるので,測定目標に最も適合した技術を選んで作成する。知識の測定は,選択法を用いるが,「使える知識」「思考・判断・表現」を測定するには,問題場面テスト(活用場面テスト)が適している。ただし,後者は,習得すべき知識を用いて解決する問題を作成するといったように,作問が容易ではないので,よい問題を見かけたら収集しておくことである。

以上のことから，途中の評価で，知識の習得状況を測定するテストは，選択法を中心に作成すればよいし，「使える学力」を測定して行う途中の評価や終わりの評価では，問題場面テスト（活用場面テスト）を加えるのがよい。なお，技能の測定は，実行・測定の技術が適している。

③ テストの予告

テストをするとき，その範囲と日時を予告するのは，「勉強しておくように」と動機づけるためである。テストの予告は，勉強をするきっかけになるので，必ず予告すべきということである。

④ 答案の早期返却

プログラム学習を支える理論に，「結果の知識」と「即時確認の原理」がある。「結果の知識」は，うまくいったかどうか結果を知ることで，学習が促進されるということである。また，「即時確認の原理」は，うまくいったかどうか結果を早く知るほど，学習が促進されるということである。

これを確かめた研究がある。答案を採点してその日返す，翌日返すと，返す時期を変えて効果を比較したのである。早く返すのを繰り返したほうが，確かに学力が向上した。答案を早く返すのを心がけるだけでも学力は向上する。教師ならだれでもすぐできる向上策である。

⑤ 答案返却時・補習のチャンス

筆者の小学生のときの経験であるが，人数も少なかったこともあり，テストのあった日の，最後の授業時間は，答案返却と補習の時間であった。まず，採点してある答案が渡されて，一問一問の説明がある。これが補習の始まりである。それが終わると満点の者は帰ってよい。残った者は，答案には手を付けないで，できていない問題をノートに解答して，教師に見てもらう。これを繰り返し全部できた者は帰る。

できていないところがあると，そこをやり直して教師に見せて，補習を受ける。この繰り返しは，個別補習の徹底であった。そして，すべて

の者ができて帰って終わりであった。

⑥ **最後の仕上げ，家庭での補習**

　帰宅すると親に連絡帳を見せる。そこにはテストがあったことが記入してある。親に手をつけてない答案を渡すと，答案の誤っているところを消しゴムで消して正答を書き直すように言われる。ノートに書いた正答を参考に，答案を仕上げて親に渡すと，親が○を付けて，60点とか80点を消して100点を付けてくれる。家庭も補習に協力していたのである。これは年度初めの保護者会で教師から要請があったようである。教師は，「親は100点」という方式だと説明し，協力を求めたようである。

　答案の早期返却，補習の徹底の効果があり，その教師に担任された3，4年のときは，担任の出張時，代わりに指導にみえた校長先生や教頭先生から，「勉強がよくできる3年生」などと，誉められたものである。日が経つに従って，最初から満点をとる者が増えていった。教師ならだれでも，すぐできそうな手だてである。

　完全習得学習は，家庭の協力も含めた補習が必要ということでもある。いま教育で必要なことを行っていた教師が，ずっと以前にいたのである。

⑦ **テスト結果の教育資料簿（補助簿）への記入**

　これからの指導・学習を考える資料として，あるいは，通信簿，指導要録への記入の資料として，本人・保護者に教育とその成果，成績とその付け方を説明する資料として，教育資料簿（補助簿）へ記入するか，コピーをして収納しておく。

第7章 教科教育における評価2
学期・学年での評価

◆測定の結果を処理，表示，資料化し，評価する視点から，小学校，中学・高校の評価の現状と改善点を指摘し，学期・学年における評価の手順を考える。

　小学校では，単元で行われる評価が中心で，学期，学年については，単元の資料を集計して行われることが多い。逆に，中学校，高等学校では，学期，学年で行われる評価が主である。教育評価は，単元，学期，学年についてバランスよく行われるのが望ましい。

1 小学校の現状と改善

　単元ごとに，評価（値ぶみ，点検，反省）と改善がていねいに行われている。そして，補習等で，完全習得に近い成果を上げている教師もいる。しかし，学期，学年で，その間の目標全体の実現状況を測定するためのテスト等を実施し，その結果に基づいて，学期，学年の教育をていねいに評価（値ぶみ，点検，反省）して改善する教師は多くない。

　多くの学校では年度末に，教務主任が，各教師に今年度を反省して，次年度に向かっての改善策，重点目標等の提出を求めているようである。形式的で，あまり実効を伴わないといわれている。

　やはり，学期末，学年末に，その間の目標全体の実現状況を測定し，きちんと資料を収集して，学期，学年の教育の評価も行いたいものである。

　一時間や単元におけるていねいな評価に，学期，学年の全体にわたった評価が加わって初めて，小学校の教科教育とその評価は万全となるのである。

ただし，単元においても，学期，学年においても，テスト等で測定し，得点，評定値を出し，それを成績として用い，評価をしたと思う教師が多いのが現状である。これは，測定の結果を処理，表示，資料化（アセスメント）し，成績として活用しただけで，評価（エバリュエーション）ではない。

繰り返し述べてきたように，測定の結果を資料として，その間（単元，学期，学年）の教育（指導，学習，管理・運営）が，目標実現のために機能したかを値ぶみ・点検・反省（評価）し，機能していないところがあれば，それを改善して教育をし直し，すべての目標を実現して初めて評価なのである。

2 中学校・高等学校の現状と改善

中間，学期末，学年末にテスト等を行い，その結果に基づいて評価を行っており，きめ細かさに欠けるきらいがある。学期，学年は，単位としては大きいので，その実現状況を測定する内容，目標が多く，未習が確認されてもかなり多く，改善をして教育をし直す（補習）時間は確保しにくい。

やはり，中間テストに代えて，単元末テストを実施し，評価を行いたい。目標の実現状況をきめ細かく把握して，補習等で日常的に対応すれば，すべての目標の実現を果たすことができる。完全習得や学力向上のために，きわめて有効である。

小学校では，学期，学年での評価を加え，中学校，高等学校では，中間を廃して単元での評価を加えて，小学校，中学校，高等学校とも，単元，学期，学年とバランスよく評価を行うことである。中学校，高等学校でも，教育の成果を測定・表示・資料化し，成績として用いて，評価をしたと思う教師が多いようである。測定・表示・資料化・評価を正しく理解して行いたいものである。

3 学期・学年での評価の手順

小学校，中学校，高等学校とも，単元，学期，学年とバランスよく評価を行うという前提で，学期，学年での評価の手順を考えてみる。単元での評価と手順は基本的には同じである。

① **教育（指導・学習）目標の具体化一覧の作成**

これは，教科部会で，単元別に具体化し作成した目標一覧があるので，それを集めて，学期の目標具体化一覧，学年の目標具体化一覧を作成すればよい。

ただし現実には，この目標の具体化一覧は存在していない可能性が強い。この一覧は，すべての教育活動にとって，成否を決するものである。この作成に，公，学校，教師が全力を挙げることである。

② **測定目標の抽出**

具体化一覧に書き出された教育目標の数は多くて，学期末，学年末のテスト等で，全部を測定することはできない。テスト等の時間に合わせて，具体化一覧全体を母集団とし，それを見事に代表する見本を抽出して測定目標とする。

③ **測定目標に適合した測定技術の選択・作成**

この適合関係は前に述べているので，それを参考にして行うことになるが，「思考・判断・表現」を測定できる「問題場面テスト（活用場面テスト）」については，作問が容易でなく，スペースをとり，解答に時間がかかる。この技術だけでテストを構成すると，全体の出題数が少なくなり，テストした範囲についての学力を示すだけで，全体の学力を示せない測定となる。日常的に別に実施するか，終わりのほうの1，2題にするなどの工夫が必要である。

④ **実施上の留意点**

学期末，学年末テスト等は，時期を決めて行っているが，早めに発表

して，それに備えて勉強するように動機づける。そのときには出題範囲を明確に示す。

⑤ 採　　点

客観的に行えるように採点基準を作成し，それに従って行う。特に記述式の場合は，絶対必要である。なお，本人や保護者からテストの結果について問われたとき，その基準を示して説明すれば，納得を得やすい。

⑥ 結果の表示

返却する答案等は，全体としての得点，評定値だけの表示でもよいが，評価資料としては，全体，観点，領域の，それぞれの目標実現状況を示す表示が必要である。そして，各問についての解答一覧表があれば，なおよい。

⑦ 答案等の返却

単元末テスト等と同様に，できるだけ早く返却する。それだけで学力が向上する（即時確認の原理）。また，返却時は，ただ返すのではなく，必ずていねいに解説し，正答を明示する。これは補習である。そして，一人一人に渡すときに，必ず，何か一言，励ましになる言葉をかける。やる気にさせると同時に，教師が自分のことを気にかけてくれている，よく分かってくれていると感じ，よい関係ができる。

⑧ 教育資料簿（補助簿）への記入

学期末テスト，学年末テスト等の結果は，通信簿や指導要録への記入の中心となる資料である。当然，教育資料簿（補助簿）へ記入し，保存することになる。

ただしこれには，評定は教師の主観が強い，と信頼されていないという，基本的な問題がある。主観が強いのは，評価の手順を各教師なりに行っているためである。公の主導による手順の共有が，解決の手だてである。

もし，これが行われないのであれば，学期末，学年末の評定，評価は，

この手順を正確に踏んでいて，客観的に行える標準学力検査の力を借りるほうがよいことになる。

⑨ **評価（値ぶみ，点検，反省）と改善**

① 教科の総合評定で，「努力を要する」の比率が高い場合は，目標実現に必要な時間に対して，実際に使用できた時間が少なすぎたと点検，反省し，補習を行うことになる。補習は，具体的に，ていねいに，理解しやすく改善して行うのはいうまでもない。

② 観点「知識・理解」「技能」については，未習の目標は，教育が機能していなかったというより，時間が足りなかった場合が多いので，教え方をていねいに行う補習を考えるとよい。

③ 「関心・意欲・態度」の「努力を要する」が多い場合は，課題，目標，教材等を具体的，魅力的に提示したり，面白く，楽しく聞けるような話し方（話術）で説明したりして，興味，関心をもち，意欲的に取り組ませるように仕向ける。学習になっているかどうかを示す証拠なので，動機づけの手だてをできるかぎり用いる工夫，改善をすることである。

④ 「思考・判断・表現」の実現が不十分な場合は，教育が「確かな学力」を育成するよう機能していないと値ぶみされるので，生活課題解決学習，実験，作品，レポート等の学習機会を増やすよう改善を行う必要がある。

⑤ 以上のように，各教科では，学期末，学年末の測定結果に基づいてその間の教育を評価（値ぶみ，点検，反省）して，次学期，次学年での教育の改善，重点目標の設定等を行うことになる。ただし，学習単位が大きいために，次学期，次学年へ進む前に，未習の目標を実現させる補習の時間が十分取れないという弱点がある。それでも可能なかぎり補習は行うべきである。さもないと，指導・学習の改善はしたが目標の実現をしてないので，評価は，役割の半分しか

果たしていないことになる。すべての児童生徒がすべての目標の実現を果たしてこそ，真の評価である。
⑥　さらに，教師は指導力，指導技術の自己評価，改善を，児童生徒は学習努力・学習の仕方等の自己評価，改善を，管理職は学級編成，教育力，施設設備等の学習環境の自己評価，改善をたえず行いたい。

> 📖 **小 事 典**
>
> **■目標基準準拠評定（絶対評定）の客観性の保証**
>
> 　評定が，相対評定の時代でも，教育的に望ましいということから，絶対評定を目指す教師がいた。当時，絶対評定を行う実践をし，研究発表会で発表した教師たちへの質問は，主観性についてがほとんどであった。
>
> 　「5段階の絶対評定を行われたということですが，目標の実現状況の程度を5段階に分けるのは，大変だと思います。5段階の評定基準をすべての目標について作成されたんですか。」「はい，一応作成しています。」「拝見したいんですが。」「ちょっとお見せできないんです。全部頭の中にあるので。」頭の中にあるのでは，きわめて主観的ということである。
>
> 　また，「評定基準を見せてくれますか。」「はい，これです。」「これは，学校の教科部会の人たちは，納得していますか。」「はい。教科部会で検討してもらい，一応よしということでした。」「市の教科部会ではどうでしたか。」「はい，納得していただきました。」「県の教科部会ではどうでしたか。」「いや，県の教科部会の意見は聞いていません。」という類のやり取りもよくあった。これは，どこでも通用する基準なのか，多数の支持による客観性の保証をしたかと徹底的に追求している。いわば，基準の共有である。
>
> 　現在，行われている評定（目標基準準拠評定，絶対評定）の場合は，目標具体化一覧，評定基準，できたら測定の仕方も，すなわち評価の手順の共有が必要かつ不可欠の条件ということを示している。

第8章 総合的な学習の時間・道徳教育・特別活動の評価，行動の評定

◆教育課程の教科以外の各領域の評価についてそれぞれ，測定目標の設定，測定・評定・評価の具体的な進め方を説明する。

1 総合的な学習の時間の評価

指導要録では，この「総合的な学習の時間の記録」欄には，行った「学習活動」を記入し，「観点」を設けて「記述評定」を行うことになっている。ここでも「評定」を「評価」としているので，以下，評定に正して述べることにする。

(1) 評定の種類

「児童生徒の学習と教育課程の実施状況と評価の在り方について」（平成12年12月，教育課程審議会）に詳しく示してある。

そこには，「ア．学習の状況や成果などについて，児童生徒のよい点，学習に対する意欲や態度，進歩の状況などを踏まえて評定（評価とある）することが適当であり，数値的な評定（評価とある）をすることは適当でない」とある。そして，「イ．評定（評価とある）に当たっては，各教科の観点別学習状況の評定（評価とある）を基本とする」ともある。

「ア．児童生徒のよい点，……進歩の状況などを踏まえての評定」は「個人基準準拠評定」である。ただし，「意欲や態度」は，よい点，進歩の状況を評定する際の「観点」に当たるので，削除するのが望ましい。そして「イ．観点別学習状況の評定」は，目標基準準拠評定である。

(2) 記入する欄と記入の仕方

「総合的な学習の時間の記録」欄が，指導要録に新しく設けられたとき，「この欄の評定は，個人基準準拠評定」との説明が多かった。しか

し，記入の仕方の説明を見ると，「観点別学習状況の評定（目標基準準拠評定）を基本とする」とある。

　ふつう，公の文書では，先に示してあること（個人基準準拠評定）が，その欄の主役というように，示す順序に意味がある。また，個人基準準拠評定は，ふつう，「所見」に記入することになっている。多くの教師が，この欄へは，どちらを記入したらよいのか迷ったようである。結論は，個人基準準拠評定は，「所見」に記入するので，「総合所見及び参考となる諸事項欄」に記入して，目標基準準拠の観点別評定を，「総合的な学習の時間の記録」欄に記入するということである。

　先述の公の文書で，個人基準準拠評定が先に示されているのに，後に示されている目標基準準拠評定が主役のごとく本欄へ記入されることが，多くの教師を大変混乱，困惑させたのである。

(3) **観点の設定**

　観点の設定については，指導要録の通知文（平成22年5月）に，総合的な学習の時間の目標を踏まえ，「例えば，『よりよく問題を解決する資質や能力』，『学び方やものの考え方』，『主体的・創造的・協同的に取り組む態度』及び『自己の生き方』等（中略）また，教科との関連を明確にし，総合的な学習の時間の学習活動にかかわる『関心・意欲・態度』，『思考・判断・表現』，『技能』及び『知識・理解』等と定めることも考えられる」とある。

　評価は，目標の実現状況を資料として，その教育を値ぶみ，点検，反省し，改善する営みである。「総合的な学習の時間」の目標を踏まえた観点で評定し，それを資料として評価するのが望ましい。目標から設定した観点である前者を用いるべきである。後者は学習活動が教科と同じ扱いになるので，総合的な学習の時間を独立した領域にした意味がなくなる。

　なお，評定とすべきを，評価としているので，ほとんどの教師が評定

第8章 総合的な学習の時間・道徳教育・特別活動の評価，行動の評定 **83**

をして評価をしたと思い，真の評価を行っていないようである。以下に，「総合的な学習の時間」の評価の行い方を示してみる。

(4) 測定・評定・評価
① 測定目標の設定
学習活動ごとに，設定した観点を踏まえて，目標を具体的に設定する。

例：情報「問題解決の能力」デジタルカメラを使って，学校紹介のホームページを作ることができる。

環境「学び方・ものの考え方」ゴミの問題を自分の問題としてとらえ，調査方法を考え，追究することができる。

健康「学習への主体的・創造的な態度」健康の大切さを知り，食文化の学習に主体的に取り組む。

福祉「自己の生き方」老人ホームでの交流を通して，思いやりの心をもつ。

例のように，各学習活動の観点ごとにできるだけ行動目標まで具体化した目標とし，測定目標とする。

② 資料の収集
① チェック・リスト法：抽出した測定目標をリストとして，観察する。

② 作品法：作品，レポート，あるいは発表などについて，評定基準を設け，それに従って評定（測定）を行う。

③ 質問紙法：用意した質問事項に回答させる。自己点検，反省させて，次の学習を考えさせることもできる。自己評価の機会とする試みとして，総合的な学習の時間に最もふさわしい技術である。

例：デジタルカメラを使って，学校紹介のホームページをうまく作ることができましたか。

大変うまくできた（　）

まあうまくできた（　）

もう少し工夫すればよかった（　）

④　レポート：反省と改善等，次への意気込みを書かせるのもよい技術である。

③　**結果の表示：目標基準準拠評定**

　「数値的評定はふさわしくない」ということなので，程度の違う文章を用意して行う記述評定がよい。よく用いられている「十分満足」「おおむね満足」「努力を要する」も記述評定なので，結果はこれで表示してもよいが，一般的で分かりにくく，評価の資料としては不十分である。また，通信簿でも，この表示では，本人も，保護者もよく分からない。「老人ホームでの交流で，思いやりの心が大変強くなった」といったように程度の違いを示す記述で評定を行うのがよい。目標の具体的記述に，程度の違いを示す言葉を加えて用いるのも一つの方法である。

④　**評　　価**

　目標の実現状況を示す測定結果，作品，レポート等とその評定を資料として，学習活動ごとに評価（値ぶみ，点検，反省）する。教師は指導について，児童生徒は学習について，管理職は管理・運営について目標実現のために機能したかどうか，機能が不十分なところはどこか，評価（値ぶみ，点検，反省）する。目標の実現が十分なら，次も同じように行えばよい。不十分なところがあれば，改善策を考え，行うことである。これが，評価である。

　多くの学校で，児童生徒の「ふりかえり」欄を設けているが，これは児童生徒の自己評価である。「総合的な学習の時間」は，これからの変化の激しい社会に備えて，自学自習（自己教育力）を強化するのに最も適した時間である。自己評価は，それを支える重要な手だてであるので，さらに推進することである。

　なお，指導要録の「総合的な学習の時間の記録」に「評価」の欄があるが，評定（記述評定）を記入して，評価を記入していないのは明らかである。「評定」に改めることである。

2 道徳教育の評価

　道徳教育の評価については，学習指導要領に，「児童生徒の道徳性については，常にその実態を把握して指導に生かすよう努める必要がある。ただし，道徳の時間に関して数値などによる評価は行わないものとする。」とある。

　道徳性の実態（道徳教育の目標の実現状況）を測定で把握し，それを指導に生かす（指導を評価：値ぶみ，点検，反省，改善して行う）ようにと，指導と評価について正しく述べられている。

　ただし書きは，目標の実現状況を測定した結果は，得点，評定値などの数値的な表示はしないことを述べている。「評価」を「表示（評定）」に置き換えれば，言わんとしていることが正しく理解でき，「表示，特に評定をして，評価をした」と思い，本来の評価をしない愚を避けることができる。

(1) 目標の具体化

　道徳教育の目標は，学習指導要領に，「1　主として自分自身に関すること。(1)　健康や安全に気を付け，物や金銭を大切にし，身の回りを整え，わがままをしないで，規則正しい生活をする。」といったように，比較的具体的に示してある。しかし，多くのものが含まれており，このままでは，指導・学習目標としても測定目標としても使いにくい。さらに具体化し，児童生徒の行動の水準で一義的に示す必要がある。

　　例・食事の前には手を洗う。
　　　・通学路では右側を歩く。
　　　・学習用具はていねいに扱う。
　　　・脱いだ靴をきちんとそろえる。

　指導・学習目標として「道徳の時間」に用いるだけでなく，今週の目標として提示して，日常的に指導するのにも有効である。

(2) 道徳教育とその成果（道徳性）の測定
① 道徳教育の行い方

　パフォーマンス・アセスメントの主張は，学力の測定は，「もっているか」ではなく，「使えるか，行えるか」「確かな学力か」を測定すべきということであるが，道徳教育に最もふさわしい主張である。

　道徳教育では，まさに，「知っていること」よりも，「行うこと」が求められる。道徳教育の授業も，教科の授業と同じように，教材（道徳にかかわるもの）を読み，聞き，見て，考え，感想，意見を述べ合うことがほとんどである。実際場面か，生活課題解決場面で指導・学習し，道徳的な実践力，行動力を伴う道徳性を育て，測定，評価することである。

② 成果（道徳性）の測定

　道徳性（目標の実現状況）が，実践力，行動力として育っているかは実際場面での具体的な行動を観察するか，実際場面での行動を考えさせ，述べさせて，測定すればよい。

　① 観察法：行動の水準で記述されている目標は，そのまま観察のリストとして使えるので，チェック・リストを作成して，測定する。児童生徒にもチェック・リストを渡し，自己チェックさせると，目標を自覚させ，その実現にも有効である。

　② 質問紙法：目標の一つ一つを行っているか回答を記入させるのも一つの方法である。質問紙法の利点は，行ってもらいたい行動を示して，心がける手がかりにさせるという教育的効果がある。

③ 指導・学習と成果の測定の具体的な進め方

　① 目標を，次の例のように生活の中の課題として提示する。

　② 各自の思いと行動を考えさせ，例のように選択肢から選んで表明させるか，空欄を設けて自由に記述させる。

　③ それに基づいて，小集団かクラスで話し合わせる。

　④ 自分の思いと行動を話し合いの後で，もう一回見て，手直しをす

るか、そのままよしとして提出して終わる。

　実践につながる学習ができて道徳性は向上できる。そして、実態把握もできて、道徳教育の評価、改善に役立つ。

　例：小学3年「道徳の時間」本時の目標「主として他の人とのかかわりに関すること」の「相手のことを思いやり、進んで親切にする」

　　はげしい雨の日なので、こんでいるバスのゆかもすっかりぬれています。ゆう子さんがようやく空いたせきにすわったとき、大きな荷物とかさを持ったおじいさんが、横に立っているのに気がつきました。

　　問1　そのとき、ゆう子さんは、どんな気持ちだったでしょうか。

　　　ア　大きな荷物だな。
　　　イ　おじいさんが大へんそうで、気のどくだなあ。
　　　ウ　こんでいるから、荷物を何とかしたいなあ。
　　　エ　どうしよう。こまったな。

　　問2　ゆう子さんは、おじいさんにせきをゆずることにしました。そのとき、ゆう子さんは、どんなことを考えたでしょうか。

　　　カ　だれかがせきをゆずってあげればいいのになあ。
　　　キ　気のどくだから、せきをゆずってあげなければ。
　　　ク　おじいさんに、気づかなければよかったなあ。
　　　ケ　自分が立つのもつらいけど、ゆずろうかな。

④　測定結果の表示

　目標の実現状況を80点、80％実現、80％以上実現しているから評定値3などと表示するのは、学習指導要領で否定している「数値などによる評価（表示と改める）」に当たる。数値で表示するのではなくて、文章で表示するということなので、「すばらしい実現である」「だいたい実現している」「もう少しがんばろう」といったように表示（評定）するのがよい。これであれば、児童生徒に自己採点させて、自分で表示（評定）をさせやすい。児童生徒に、自覚して努力させるために、大変有効

である。例のような場合は，選択肢の記述を参考にして表示（評定）を工夫することができる。

(3) 評　　価
① 道徳教育の値ぶみ・点検・反省と改善

　目標実現（道徳性）の水準（実態）の把握（測定）によって，実現が十分，不十分なところが明らかになるので，それに基づいて，道徳教育の評価（値ぶみ，点検，反省）をし，改善を行う。その後の教育の重点を決めて，効果的に教育を行うことができる。道徳教育の改善である。ただし現在は，道徳性の全国調査が行われていないので，評価（値ぶみ，点検，反省），改善がないままに道徳教育は続けられている。

② 道徳教育の徹底

　現状は，実施状況の調査が行われていないので，行われているのか，どう行われているのかは，不明で不徹底である。

　目標を具体化したら，小学校では低中高学年，中学校は全学年共通で，掲示板に「食事の前に手を洗う」といったように，今週の目標として毎週掲示して，ホームルームの時間に生活，行動の常識であることを説明して，行うよう徹底する。

　そして，クラスで，毎週末にチェック・リストで自己チェックさせる。

　家族にも，1ヶ月単位で予定表に，行動の常識であることを解説して渡し，協力を求める。

　また，登下校の際に通学路で児童生徒の安全を守っている地域のボランティアの人たちにも，地域の先生の腕章を付けてもらい，毎週目標を渡して，「手を洗うんだよ」「今日手はちゃんと洗ったか」「自転車でケイタイはやめなさい」と声をかけ，指導をしてもらう。

　道徳性の低下は，道徳教育を学校で充実・強化するだけでは，十分に対応できそうにない。家庭，地域など，教育に関係のある人すべてが協力して行わなくては，十分な対応ができない状況である。

3 行動の評定

　指導要録の「行動の記録」には，各項目ごとに，その趣旨に照らして，「十分満足できる状況」にあると判断される場合には，○印を記入することになっている。これは，目標基準に準拠した（点数式）評定（アセスメント）であって，評価（値ぶみ，点検，反省，エバリュエーション）ではない。

　「行動」については，指導要録には「記録欄」がありながら，学習指導要領には，それを育成する領域が特定化されていない。この逆が，「道徳」で，学習指導要領には，領域として特定されているが，指導要録には，「記録欄」が特定されておらず，「行動の記録」に含まれているといわれている。

　この学習指導要領と指導要録の不整合さが，「道徳」「行動」の評定，評価をおろそかにし，信頼できないものにしている原因である。その結果，強化の必要性が強く叫ばれながら，道徳教育を改善，強化すべき評価（値ぶみ，点検，反省）が不在か不十分で，改善，強化がなされず，反省がなく，成果が期待できない教育が行われているようである。

　この不整合を調整して整合させるのが，最善の解決策である。1つの策は，指導要録の「行動の記録」を「道徳の記録」とし，項目は育成を目指している目標（道徳性）にすることである。

　2つめの策は，「道徳」で統一すると，「行動」に含まれていた項目で排除されるものがある。それらも育成がぜひ必要ということであれば，学習指導要領の「道徳」を「行動」に改めることである。ただし，「行動」の名称は，「日常の生活における行動の常識，望ましいあり方，マナー」が内容なので，内容にふさわしく，だれでも受け入れやすい名称を新しく考えるのがよい。

　いずれにしても，学習指導要領が指導の基準で，それを評価（値ぶみ，

点検，反省）する基準が指導要録なので，前者が主であり，後者は従という関係である。したがって，学習指導要領の名称が指導要録の欄の名称となり，学習指導要領の目標で指導要録の欄の項目は設定されるべきである。

これまで述べたように，評価は，各領域の目標の実現状況を測定し，その教育が，目標実現のために機能しているかを値ぶみ，点検，反省し，機能していないところがあれば機能するように改善して，教育をし直し，目標の実現を果たすために行う。したがって，指導要録は値ぶみ，点検，反省が十分行えるように，目標の実現が正しく確認できる項目になっていなくてはならないということである。

以上は，これからのことである。ここでは，現在の「行動の記録」の評定の行い方を述べることにする。

(1) 測定目標としての具体的な設定

項目ごとに，趣旨が指導要録の通知文に示されている。しかし，それは一般的で，そのままでは測定目標にはならない。したがって，これに基づいて，測定が可能になるように，学年ごとに児童生徒の行動水準までに具体化することが必要である。

この作業が適切に行われていないので，行動の評定は，各教師の主観性が強くて妥当性に欠けているといわれている。

具体化の例：小学校1・2年：自主・自律（項目）「よいと思うことは進んで行い，最後までがんばる（趣旨）」

「学習の準備を自分から進んでする」

「学級会ではきちんと話し合いに参加する」

「係や当番を最後までやり遂げる」

例のように，「十分満足できる状況の行動」を，学校生活のいろいろな場面について，各項目ごとに書き出す。

各教師個人では，とても困難なので，各学校の行動部会か評価委員会，

できたら各市区町村教育委員会か各都道府県教育委員会の行動部会あるいは評価部会で行うことである。

(2) 資料の収集と結果の表示

① チェック・リスト法：具体化が行われれば，書き出された行動をリストとしてチェック・リストを作成し，それぞれが示される場面で観察すれば，適切な資料を収集できる。

② 質問紙法：下記のように回答させる方法である。

例：学習の準備は，授業が始まる前に，自分で，進んでしていますか。

　　いつもしています（　　）

　　ときどきしています（　　）

　　ほとんどしていません（　　）

これは，自己診断形式といわれているように，自己チェックをさせ，しかも，質問内容が，児童生徒に行ってもらいたい行動を示し，教育もしているという利点がある。観察だけでなく，質問紙法と併せて実施して自覚させ，教育する機会ともすると，大変有効である。

③ 結果の表示と記入

指導要録の「行動の記録」欄には，項目ごとに趣旨に照らして十分満足できる状況にあれば，○印を記入することになっている。したがって，測定する行動の何％を行っていたら「十分満足」とするかを項目ごとに決めておき，それに該当する項目に○印（表示）を記入する。

(3) 結果の活用と評価

①指導要録に，教師の主観性を排して客観的な評定（○）を記入できる。②学校，学年，学級の一覧表を作成し，それに基づいて長所を認めるとともに，教育に力を入れるべき項目（重点目標）を定め，それを育成できるように教育を改善して行くことができる。

4 特別活動の評価

　目標の実現状況を把握するための観点が，目標を踏まえて作成されており，それぞれの趣旨が示されている。その観点は，例えば小学校では，「集団活動への関心・意欲・態度」「集団の一員としての思考・判断・実践」「集団活動や生活についての知識・理解」である。そして，それぞれの観点の趣旨は，次の例のように示されている。

　　例：小学校「集団活動や生活への関心・意欲・態度」
　　　「学級や学校の集団や自己の生活に関心をもち，望ましい人間関係を築きながら，積極的に集団活動や自己の生活の充実と向上に取り組もうとする。」

(1) 測定目標の設定

　上に示したように，趣旨に記述された状況は，そのまま測定目標にするには，一般的，包括的である。したがって，測定できる行動の水準まで，一義的に明確になるように分析して，活動ごとに具体化する必要がある。この作業は，各教師が個人で行うのは大変困難である。学校，市区町村教育委員会，都道府県教育委員会の特別活動部会，あるいは文部科学省の関係部局で行うべきである。

　　例：小学校　学級活動　係活動　1・2年「集団活動や生活への関心・意欲・態度（観点）」
　　　「学級の係の中から，自分のやりたい係を見つけ，すすんで係の仕事をする。」
　　　中学校　生徒会活動「集団や社会の一員としての思考・判断・実践（観点）」
　　　「地域の福祉施設や社会教育施設などのボランティア活動と連携を図り，校外活動としての生徒会活動のあり方を積極的に考え，進めている。」

(2) 資料の収集と結果の表示

① 資料の収集

　① チェック・リスト法：各活動，行事について観点ごとに，行動の水準で，一義的に目標を書き出し，それをリストとしてチェック・

リストを作成して観察する。各活動，行事の際に観察を行い，それぞれの行動を示した児童生徒に✓印を付ければよい。

② 質問紙法：それぞれの行動を行ったかを問うて，回答を求め，自己チェックをさせる。質問紙法には，「行っているか，行ってほしいことだけど」と，行ってほしい行動を示し，行うように仕向ける教育機能がある。特別活動の趣旨に沿った有効な測定技術である。

② **結果の表示**

測定結果は，目標基準準拠評定なので，測定目標で実現している数（行っていると回答した数）が，測定目標全体の何％かを算出して，あらかじめ設定した評定基準，例えば，「十分満足」80〜100％，「おおむね満足」60〜79％，「努力を要する」59％以下，といったような評定基準に従って，各活動，行事の観点ごとに評定を行って表示する。

(3) **結果の活用――評定と評価――**

① 指導要録へは，各活動，行事の観点ごとに，趣旨に照らして「十分満足」であるものだけに○印を記入することになっている。測定結果で「十分満足」と評定された観点に○印を記入すればよい。

② 前項で，測定結果を，3段階評定で表示したのは，目標の実現を十分果たしている観点，おおむね果たしている観点，努力を要する観点を明らかにして，特別活動を評価（値ぶみ，点検，反省），改善する資料とするためである。

③ 特に，「努力を要する」と評定された観点については，特別活動の実態をていねいに点検し，原因を見つけ，改善して行う必要がある。その状態の児童生徒が多い場合は，特別活動全体を改善しなければならないし，少数であれば，個々の状況に応じた指導を工夫することになる。

> 小事典

■大人への道徳教育

　道徳教育が盛んな市の中学校で，道徳の研究授業後の発表会でのことである。参会者の意見は，ほとんどが讃辞で，それほどすばらしい授業であった。その会には，生徒の代表も出席していた。会の終わりごろ，感想，意見を求められた女子中学生の一人が，「社会生活での行動の仕方，行動の常識がよく分かり，大変勉強になっています。このように行動しなければとしっかりと心にきざんでいます。大切な勉強だと思います。ところで，お願いがありますが，周りの大人を見ると，道徳的に問題がある行動を平気でしている人がかなりいます。大人へ道徳教育をしてもらえないでしょうか。」と発言した。学校長，保護者会役員など参加していた大人たちは，苦笑いしながらも，うなずき合っていた。そして，これからの道徳教育の研究授業には，できるだけ保護者や地域の人たちにも参加してもらうように努力することが約束された。

■地域の教育力

　小学校での道徳教育の研究授業のとき，講師が，昔は，道徳教育は地域の大人たちがかなり行っていたと次のような話をした。

　「小学生のころ，学校から家までの間に，口うるさいお年寄りが2人いた。帰るときに出会って素通りすると，『ただいまを言わないの』と言われた。あわてて，ただいまと大きな声で言うと，言われなくてもするんだよだった。」「子どもにとっては，登下校のときに関所が2箇所という感じだったが，その家にさしかかるときには，みんなよい子になって通っていた。」と，そして「昔は，地域に教育力があった。これを取り戻す必要がある。現在は，登下校の安全のために，地域の人がボランティアで見張っているが，この人たちに，しつけもお願いするのも一つの方法である。」ということであった。年度初めに，児童生徒の前で紹介し，腕章など渡して，地域の先生に任命したいものである。

■行動の評定基準

　「行動の記録」が,「優れている」「ふつう」「指導を要する」の３段階評定で行われていたころの研究発表会での質疑応答で,「ふつう」をどう付けるかについてのやり取りである。

　「A君は,自主性がふつうということですが,何を基準にふつうとしたんですか。」「実は,基準は作ってないですが,先輩にかつて教えてもらった付け方をしています。私が困って相談したところ,その先輩は,どの項目でも,優れている者は分かるだろう。まず,優れた者に,優れているに○を付ける。そして,指導を要する者も分かるだろう。指導を要するに○を付ける。すると残るだろう,その残った者をふつうとすればよいと教えてくれました。だから,そう付けていますから,申しわけないですが,ふつうは,残りなんです。」

　これは,かつてのやり取りであるが,現在は,目標基準準拠評定である。学年ごとに,項目の「目標が実現した状態」を,基準として具体的に記述できていないと,適正な評定はできない。しかし,一義的,具体的に記述された,頼りになりそうな評定基準にあまりお目にかかったことがない。

　かつて,「ふつう」は残りといった評定が行われていた状況は,改善されていないようである。各学年の項目ごとに「十分満足」と評定する基準をていねいに作成することである。

第9章 教育課程の評価・学校評価・学級経営の評価

◆各学校の教育課程の評価，学校が機能しているかの学校評価，学級が機能しているかの学級経営評価について，目標の実現状況の測定と評価の進め方を説明する。

1 教育課程の評価

　学習指導要領（1951年）に，「児童生徒が，どの学年でどのような教科の学習や教科以外の活動に従事するのが適当であるかを定め，その教科や教科以外の活動の内容や種類を学年的に配当づけたものを教育課程といっている」と定義されている。そして，かつては，その学習指導要領を「国の定めた教育課程」といっていた。現在は，「各学校が教育課程を編成するときの国の基準」としている。

　したがって，各学校で教育課程を編成するときには，学習指導要領を基準として行うことになり，教育課程の評価は，各学校の教育課程の評価ということになる。

(1) 評価の視点

　教育課程の評価は，ふつう，法制度的視点，学校経営的視点，教育内容・方法的視点の3つの視点から行う。

① 法制度的視点

　教育課程の内容，授業時数の標準等は，教育法規で定められており，配列は，学習指導要領に示されている。法規を守っているか，国の基準を満たしているかを（法制度的視点から）点検する必要がある。

　しかし，これは，目標を実現するために機能しているかを評価するものではない。法的に違反していないかを点検し，違反しているところがあれば改善するところは似ているが，評価とはいいがたい。法制度的視

点からの評価といわれているが，法制度的視点からの点検とするのがよい。点検は，アセスメントであり，エバリュエーションではない。

② **学校経営的視点**

適材適所に教職員を配置し，最も効果的な組織づくりをし，組織として教育の成果が最も上がるような経営がなされているかを評価することをいう。これは，目標実現のために，組織が機能しているかを点検し，機能していないところを機能するように改善して，目標の実現を果たすことを目指すことになるので，評価である。

③ **教育内容・方法的視点**

目標とする児童生徒像，知育・徳育・体育の教育目標，それを実現するための教育内容・教育方法・教育計画が，最適と思われるように編成されているかを評価し，改めるべき点があれば改めて編成をし直し，目標の実現を目指すことになる。

この教育内容・方法的視点からの評価が，教育課程の評価の核心である。児童生徒の知育，徳育，体育の実情と成果を，実施状況調査と学力調査，道徳性調査，健康・体力調査で把握し，それに基づいて教育課程が目標実現のために十分機能しているかどうかを評価する。そして，その結果に基づいて，次の教育課程を機能するように改善して編成することになる。

(2) **学習指導要領（教育課程の基準）の評価と全国調査**

学習指導要領が改訂されると，その実施状況や目標・内容の実現状況を把握して，確実に実施されているか，十分機能して成果を上げているか，改善すべき点があるかなどを評価（値ぶみ，点検，反省）するために，全国調査が行われる。

① **知育に関する全国調査**

教育課程実施状況と成果の全国調査は，知育については行われている。平成15年度には，小学校5・6年生に国語，社会，算数，理科を，中学

1・2・3年生に国語，社会，数学，理科，外国語を，高校は国語，地理歴史，公民，数学，理科，外国語を，ペーパーテストと質問紙法で，小・中学・高校生とも8％を学級単位で抽出して実施している。

① ペーパーテスト

学習指導要領の内容，目標に基づいて，偏りのないように問題が作成されている。また，従前の調査と比較できる問題も含まれている。結果は，問題ごとに実現状況を示す通過率を算出する。そして，過去の同一問題との比較，分野，領域，観点ごとの分析が行われる。

各学校で教育課程の評価を適切に行うためには，すべての教科の総合評定の分布と，領域，観点ごとの評定の分布が必要である。それがあれば，各学校で，教科ごとの目標の実現状況や実現状況の高い領域，観点，や低い領域，観点が分かり，知育の教育課程が機能しているかが評価でき，その改善を適切に行うことができる。

② 評定の分布の必要性

義務教育は，学力の底上げをねらいとしているから，全国学力調査は平均だけではなくて，各教科全体，領域，観点について「十分満足」「おおむね満足」「努力を要する」の分布と出現比率を示し，「努力を要する」0％を目指すよう説くために行う。県の順位も，平均点の高い県が上位ではなくて，「努力を要する」の比率が少ない県が上位である。この出現率0％こそ，教育の理想だからである。評定の分布が示せない学力調査であれば，それを示せる標準学力検査を実施するほうがよい，との意見があるのももっともである。

③ 実施教科

全教科を行うのが基本である。実施されない教科は，不必要と受け止められかねないし，それらの教科は，確かな資料に基づいた評価（値ぶみ，点検，反省）と改善をしないまま続けられることにもなるからである。

④　質問紙法
　児童生徒の学習意識や生活実態，教師の教育方法等が問われている。
② **徳育に関する全国調査**
　道徳性については，学力，体力よりも低下が心配され，実態調査が必要との声があるが，行われていない。道徳教育そのものについても，学校によって行っていなかったり，行っていても形式的な学校があり，不徹底といわれている。その上に，学校の教育活動全般で行うことになり，さらに不徹底になるともいわれている。学習指導要領には，「児童（生徒）の道徳性については，常にその実態を把握して，指導に生かすよう努める必要がある。」とある。その模範をまず国が示す必要がある。知育と同様に，実施状況と道徳性の実態を全国調査し，実施を徹底し，ていねいに評価（値ぶみ，点検，反省）して，改善に努めたいものである。
　道徳教育が適切に行われている地域がまったくないわけではない。ある市では，毎年，道徳教育の研究協力校（園）を幼稚園から高校まで10校（園）ぐらい指定し，実践研究に力を入れ，毎年発表会を行っている。多く指定しているのは，早く市内全校（園）を指定し，市内全域に道徳教育を普及，徹底したいという考えからである。
　そして，実践研究を進めていく過程で，「道徳教育を適切に行っていると力んでも，その証拠がなければ一人よがりになってしまう。道徳性の実態調査をして，その推移で成果を確認する必要がある」という意見があり，道徳意識調査委員会を作って調査を行っている。毎年，それを資料に道徳教育を評価し，改善して続けられている。
　調査は，道徳性低下の現実への危機感からか，何の抵抗もなく，むしろ協力的に行われ，成果を確実に上げている。国，都道府県，市区町村，学校，どこでも同様に行いたいものである。
③　**体育に関する全国調査**
　文部科学省では，健康，体力調査を，次の内容で全国的に行っている。

① 体格：身長，体重，座高
② 検査：視力（裸眼視力，矯正視力），虫歯
③ 体力：握力，上体起こし，長座体前屈，反復横とび，20mシャトルラン，50m走，立ち幅とび，ソフトボール投げ

以上は，小学校で行う。中学，高校では，体力調査に，持久走が加わり，ソフトボール投げがハンドボール投げに変わっている。

④ アンケート：日常スポーツを行っているか，生活習慣は健康的か，スポーツへの関心，自分の体力などについて行っている。

これらを資料として教育課程を評価し，どこを強化すればよいかを明らかにし，体育の教育課程を適切に改善している。

2 学校評価

学校には，教育目標がある。その目標を実現するために，学校が十分機能しているかどうかを評価（値ぶみ，点検，反省）し，機能していないところがあれば，それを明らかにし機能するように改善して，目標の実現を果たすようにする必要がある。この学校評価によって，学校教育は改善，向上し，目標を実現しているすばらしい学校になるのである。

(1) 目標の実現状況の測定と評価
① 目標の確認

目標が十分実現できている学校は，「十分満足できる」よい学校なので，そのまま続けてよい。しかし，実現が十分でない学校は，「努力を要する」学校なので，原因を点検，反省して改善する必要がある。

すなわち，学校評価の基本は，まず，目標の実現状況を明らかにすることである。そこで，各校の教育目標をあらためて確認すると，「かしこい子，やさしい子，たくましい子」とか，「深く考える子，思いやりのある子，たくましい子」といったように，知育，徳育，体育の3つの目標を掲げているところが多い。ただし，徳育については，個人的側面

と社会的側面があるということから,「明るい子,思いやりのある子」などとしている学校もある。まず,目標を確認する。

② **実現状況の測定と評価**

　学校評価の資料としては,知育については学力,徳育については道徳性あるいは望ましい行動,体育については健康と体力などの実態を示すものが必要である。実態を明らかにする測定,調査を行うことが,適切な評価を行うための最も基本的な条件である。

　学校の教育目標「深く考える子」に関しては,学力テストの下位テストである「思考・判断・表現」の水準(評定)が「十分満足」であれば,知育は十分機能していると評価され,「続けてよい」ことになる。しかし,「努力を要する」(評定)であれば,知育は十分機能してないと評価(値ぶみ,点検,反省)され,改善を細部にわたって行うことになる。

　徳育についても,測定,調査による「思いやり」についての水準(評定値等)を資料として同様に評価し,体育についても「たくましさ(体力)」の実態を資料として評価を行う。

　いずれの目標についても,「十分実現している」ということであれば,知育,徳育,体育とも十分機能しているとの評価になり,このまま続けてよいことになる。評価を行う目的は十分果たされているので,評価はここで終わって細部について行わなくてもよい。しかし,学校によっては,すべて「十分満足」でも,さらに細部を分析的に評価するところがある。さらに向上を追求する好ましい姿勢といえよう。

　ただし,すべて「十分満足」で学校としてはよくやっていることになっても,保護者や地域の人たちを含めた世間の評判が思ったほどよくない場合がなくはない。この場合は,学校が目指すものと世間の期待がくい違っていると思われる。学校の目標自体に問題はないかをよく検討する必要がある場合ということである。

(2) 分析的評価とその対象

いずれかの目標かすべての目標について，「おおむね満足」「努力を要する」であれば，また，特に「努力を要する」であれば，何が原因なのかを分析的に評価（値ぶみ，点検，反省）する必要がある。学校教育を細分化し，一つ一つについて，評価（値ぶみ，点検，反省）し，改善する点を見いだし，改善して教育を行うことになる。

① 対象一覧表の作成

文部科学省，教育委員会，学校などのいろいろな教育機関で，学校評価の対象（項目）を検討し，示している。

学校の教育目標，年度の重点，教育課程，学校行事，教科指導，道徳教育，特別活動，総合的な学習の時間，特別支援教育，生徒指導，進路指導，健康・安全指導，カウンセリング，学年・学級経営，経営組織，校内研修，教職員，父母・地域社会，学校事務・情報・施設・設備，図書館活動などであるが，学校給食，人権教育を取り上げている学校もある。これらを，さらに中項目，小項目に細分化する。

② 評価対象の抽出

すべての項目を，大項目，中項目，小項目と細分化していくとあまりにも多くなり，それぞれを3段階，5段階等で評定するには，大変な時間と労力が必要となる。当然，「評定のための評定に終わって，評価，改善に至っていない」と批判されることになる。したがって，「年度の重点目標にかかわりのある項目にしぼって行うのが，現実的で有効である」と考え，そのように行っている学校が多い。

(3) 学校評価の役割

評定値の高い項目は，「十分機能している」と評価でき，このまま続けてよいことになる。しかし，評定値の低いところは，「機能していない」との評価となり，改善して行うことになる。

改善委員会でさらにていねいに点検し，改善策を作成して行うことに

なるが，その結果，目標が十分実現されていることが確認されて初めて，評価を行った意味があることになる。

評価の役割は，反省し，改善するまでではなくて，改善して行われ，目標の実現が果たされたことを見とどけるまでである。学校が改善され，すばらしい学校に変身してこそ，真の学校評価である。

3 学級経営の評価

学校に教育目標があるように，学級にも目標がある。その目標を実現するために，学級が十分機能しているかを点検し，機能していないようであれば反省をし，その原因を明らかにして，機能するように改善をする。この値ぶみ，点検，反省，改善が，学級経営の評価である。

(1) 目標の実現状況の確認

① 目標の具体化・明確化

目標が「すべての子どもの心の居場所」であれば，学級が心の居場所になったときに，どんな行動をするかを具体的に，明確に書き出す。

例：「班学習をみんなと楽しそうに行う」「だれとでも仲よく遊ぶ」「気持ちのよいあいさつをし合う」「自分の意見をはっきり言う」

このような書き出しは，知育，徳育，体育すべてについて行うようにする。学級での生活全般に目が行き届くようにし，見落としがないようにするためである。

② 実現状況の測定と評価

① チェック・リスト法：目標を具体化，明確化して書き出した行動をリストにして，チェック・リストを作成し，学級の一人一人について観察をし，該当する行動を示したら，その児童生徒の欄にチェック（✓）をする。

② 質問紙法：行動のリストによって質問紙を作成し，回答させる。
例：だれとでも，いつも仲よく遊んでいますか。

　　　　いつも仲よく遊んでいます（　　）

　　　　ときどき仲よく遊んでいます（　　）

　　　　仲よく遊びません（　　）

　　質問紙には，望ましい行動を教え，行うように促す教育機能があり，指導に活用できる有効な測定技術である。

③　測定結果（目標の実現状況）の表示：80％以上実現を「十分満足」，60〜79％実現を「おおむね満足」，59％以下実現を「努力を要する」と3段階に評定を行い，評価を行うための資料とする。

④　評価：すべての児童生徒が「十分満足」であれば，学級は十分機能していると評価され，そのまま続けていいことになる。

「おおむね満足」「努力を要する」の児童生徒が，かなりいるようであれば，どの行動において望ましい状態でない者が多いかを明らかにし，その原因（教育）をていねいに値ぶみ，点検，反省し，改善策を考え，決定して，実施することになる。

　この値ぶみ，点検，反省，改善が評価であるが，これは，評価資料である児童生徒の行動の学級一覧で，望ましくない行動のところだけをじっと見て考えるのでは不十分である。それにかかわりのある学級の細部にわたって分析的評価をする必要がある。

(2) 分析的評価

　すべての児童生徒が「十分満足」であれば，学級経営はきわめてよいと評価でき，このまま続けてよいことになる。したがって，評価はここまでで十分で，細部については一応確認する程度で，ていねいに評価を行わなくてもよい。しかし，「十分満足」でもさらに向上を目指して，細部についてもていねいに評価を行う教師がいる。大変望ましい姿勢といえよう。

　「おおむね満足」「努力を要する」が多い場合は，細部にわたって，ていねいに評価（値ぶみ・点検・反省）し，原因を明らかにして，改善す

る。その場合に点検，評価する対象（項目）は，次のとおりである。
① 学校の目標，学年目標，学級目標
　　学級は，学校の組織の一部である。学級の実態にふさわしいかと同時に，学校，学年の目標と矛盾していないかも，点検する。
② 学級の実態
　　児童生徒相互の人間関係，教師との人間関係，所属意識，学習的姿勢や人間的な雰囲気，教育環境としての整備状況など。
③ 学級指導
　　児童生徒理解，学習集団編成，学級活動，進路指導など。
④ 外部との関係
　　他の学級，保護者，地域などとの連携・協力など。
⑤ 危機管理
　　起こり得る出来事への安全対策・訓練，予期せぬ出来事への備え・訓練など。
⑥ 学級事務

①〜⑥を点検，評価するときに，さらに細分化する必要があるものがある。そうすると，全体はかなりの数となり，点検，評価が大変な負担となり，形式化するおそれがある。評価のための評価となり，本来の役割である，改善のための評価になりにくい。重点目標や解決すべき課題にかかわりのある項目にしぼって点検，評価を行い，改善するのが現実的である。

小事典

■国際学力調査

① PISA（Programme for International Student Assessment）

　経済協力開発機構（OECD）が，1980年から実施している国際学力調査である。具体的には，「読解力」「数学的リテラシー」「科学的リテラシー」について，生活で経験しそうな課題に，選択肢や記述で解答する。そして，生徒本人と学校に関する情報を収集する質問紙も実施している。

　この調査は，通常の学力調査が，学校で学習した内容の習得状況をみるのに対して，将来社会に参加し，生活していくのに必要な知識や技能，すなわち「生きる力としての知識や技能」をどの程度習得しているかをみるもので，各国の教育課程を評価するためのものではない。

　この調査の目的ではないが，その結果から，各国は，他の国と比較しての情報を得て，教育改革や教育実践の改善に生かしたり，教育システムを定期的に評価する基礎的な資料としている。

　調査に基づくOECDのわが国への勧告は，「参加国中で最下位近辺の教育予算を増やし，もっと教育に投資するように」であり，「学力低下や教師の指導力の向上」はなかったと聞いている。なお，PISAのAはアセスメントで，調査と適切に訳されている。アセスメントが，評価でないことを示している好例である。

② IEA（International Association for the Evaluation of Educational Achievement，国際教育到達度評価学会）

　1960年に，各国の児童生徒の教育到達度を明らかにするだけではなく，その教育到達度を規定する要因，教育制度，内容や教育を取り巻く諸要因の間の関係をも明らかにするために設立された。

　調査は，数学・理科教育，教師教育，読解力，ICTについて行われており，わが国は，国際数学，理科教育動向調査2007，国際教育情報調査2006に参加している。

　なお，IEAの調査は，学校教育で学習した内容がどの程度習得されているかをみる，通常の学力調査と同種のものである。そして，教育制度，内容，

教育の諸要因のかかわりを明らかにし，教育改善の手がかりとなる情報とした。これは，評価である。

■生きる力とその実態調査

1996年に，中央教育審議会は，これからの子どもに必要な力を「生きる力」として示した。それは，次の3つの資質や能力である。

① 自分で課題を見つけ，自ら学び，自ら考え，主体的に判断し，行動し，よりよく問題を解決する資質や能力。（知育で目指すもの）
② 自らを律しつつ，他人とともに協調し，他人を思いやる心や感動する心など，豊かな人間性。（徳育で目指すもの）
③ たくましく生きるための健康や体力。（体育で目指すもの）

平成14年からの学習指導要領は，「生きる力」の育成を基本のねらいとしたが，以後継承されている。

学習指導要領は，教育課程の基準であるから，教育課程の実施状況とその成果を確認する全国調査は，当然，「生きる力」の育成（知育，徳育，体育）について行わなければならない。ところが，徳育については行われていない。そして，知育についても行われる教科が偏っている。これでは不十分である。

ある市では，教育研究所を中心に，「生きる力」の実態把握と育成という目標を設けて，調査，研究，実践を進めた。調査には標準検査を使用した。

標準検査のほうが，全体，領域，観点，特性等について全国水準の尺度を備えていて，細かい検討に適しているというのが選んだ理由である。

そして，それぞれ教科部会，道徳部会，体育部会を組織して，「教科部会」は，学力の水準，構造（領域，観点）上の長所・短所，各問への反応分析等で，教科ごとに指導の重点，指導の仕方の改善策などを作成した。「道徳部会」では，全体としての水準，各道徳性ごとの水準，各問への回答分析などから，道徳教育の重点目標，授業の仕方の改善策などを作成した。体育部会は，健康・体力の水準，各項目，種目の水準などから，健康指導の重点，体力強化のための機械・器具の整備と指導強化種目の選定などを行った。これらを各学校に配布し，全市をあげて「生きる力」の育成に力を入れ，その成果は翌年の調査で確認している。

これこそ，教育課程実施状況調査の模範的な例といえよう。

第10章 教育資料簿（補助簿）・通信簿・指導要録・調査書

◆教育資料簿，通信簿，指導要録，調査書は，その目的と性格は異なっているが，密接な関連がある。それぞれの意義と機能，内容などについて説明する。

　テスト，観察等で測定した結果は，まず，教育資料簿（補助簿）に収集して保存，管理される。そして，学期末には，通信簿に記入する資料として活用され，児童生徒，保護者への評価情報となる。学年末には，指導要録記入の資料として活用され，最終学年末には，小学校では指導要録の抄本か写しを作成して中学校に送付され，中学校，高等学校では，進学先，就職先へ指導要録に基づいて作成した調査書（内申書）を送付することになる。一連の資料の大元は，教育資料簿（補助簿）である。

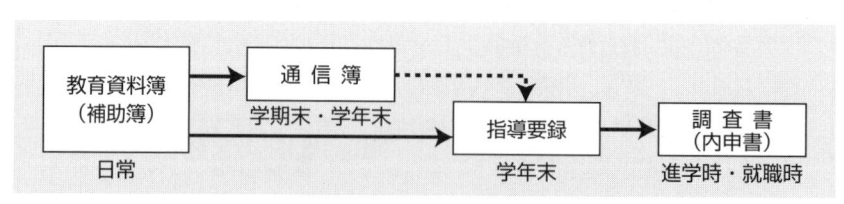

図　教育資料簿・通信簿・指導要録・調査書の評価情報の流れと関係

1 教育資料簿（補助簿）

　補助簿は，正式には指導要録補助簿で，その略称である。指導要録の記入は，年度末を中心に行われるが，日常，教育を行いながら，教育の過程や成果をテスト，観察等で収集しておかないと，適切かつ正確な記入はできない。したがって，日常，収集した資料を記録，保存する帳簿が必要となる。

年度末に指導要録の仕上げに必要な資料を記録，収集しておく補助的な帳簿というのが，この名称の由来である。名称から，教育にとって補助的な帳簿と受け止められがちであるが，児童生徒についての日常的できめ細かい資料なので，教育を行う際には，とても役立つ貴重なものである。教師にとっては補助簿ではなく，主たる帳簿，宝の山である。これからは，果たしている機能にふさわしい名称，教育資料簿に改め，存在を強調し，本書ではもちろん，他の機会にも大切に扱うことにしたい。

(1) **様　　式**

　これは，公式の帳簿ではないので，学校，教師によっていろいろであるが，ノート型，カード型，ファイル型のいずれかである。

① **ファイル型使用のすすめ**

　この中で多いのは，教務手帳というノート型であるが，これからはファイル型が増えるであろう。ポートフォリオ・アセスメントの提唱は，資料の収集，保存についてであり，評価を行うのに有効と思われるレポート，作品等の成績物（ポートフォリオ）を収集，保存するよう主張している。ポートフォリオは，児童生徒本人，保護者等へ説明責任を果たすときに，確かで，有効な資料でもある。これらの成績物等の収集，保存に便利なファイル型が，しだいに増えていくということである。

② **使用の前例**

　このファイル型は，教育相談や医療などで，すでに使用されている。前者では面接の記録，知能検査の結果など，後者では診察の記録，レントゲン，血液検査の結果などを挿入したファイルが備えてあって，相談，診察のときに引き出して活用されている。これは，いろいろな資料を個人単位で収集，保存，活用しやすくするためである。教育資料簿（補助簿）は，ファイル型がよいという前例である。

(2) **内　　容**

　元来，指導要録を記入するために，日常的に収集した資料を記録，保

存しておく帳簿である。内容は，指導要録のすべての内容が入っていなければならない。

ノート型，カード型は，あらかじめ印刷しておくので，どう収めるかをよく検討して作成する必要がある。その点，ファイル型の場合は，挿入されている内容をときどき点検し，不足している内容を補い，年度末記入のときには，すべての内容について資料がそろっているようにすればよい。

① **教師用ファイルの必要性**

ファイルは，一人一人の児童生徒について作成するのが原則であるが，学級一覧を収めるものも必要である。教師用のファイルも作るとよい。この場合，教師自身についての資料，例えば，指導案，自作したテストやチェック・リスト，出席した研究会，研修会の報告書なども収納したい。教師自身の自己評価に活用するためである。

② **ファイルの仕方**

採点したテストの答案，絵画などの作品，レポート等は，いったん返却したものを保護者に見せたら持ってこさせ，児童生徒と一緒にファイルをして教師が保管する。必要なときは，本人や保護者も見てよいし，年度末には一括して本人に返す。その際，次の担任に渡したほうがよいと思うものは，コピーをして保存しておくとよい。

③ **コピー，個人票の活用**

経済的な問題はあるが，すべてコピーをしてファイルし，実物は返却するという方法もある。標準検査の結果は，資料としてはよくできていて，学級一覧表，教師用個人票，本人用個人票で示される。教師用ファイルに学級一覧表，児童生徒のファイルには教師用個人票を挿入すればよい。

④ **制約のない多面的で豊富な資料の収集**

ファイルのよさは，何でも自由に挿入できる点である。ポートフォリ

オ・アセスメントでは，有効な成績物などだけを収集するよう提唱しているが，有効かどうかは教師によって異なるので，できるだけ何でも挿入するのがよい。

有効なものだけとなると，有効かどうかを考えるのがわずらわしく，止めたくなりかねない。しかし，できるだけ何でもなら，気楽に，だれでもできる利点がある。できるだけ，何でも，たくさんがよいということである。

(3) 保存・活用・引き継ぎ
① 保存・管理
　教師，児童生徒，保護者などが活用しやすいのは，ファイルボックスである。それに収納しておき，手続きを決め，それに従って閲覧できるようにすることである。個人情報なので，プライバシーの侵害防止のためにも閲覧の手続きは絶対必要である。

② 活　　用
　通信簿，指導要録記入のためだけでなく，保護者や本人との教育相談や教育，成績などについて説明責任を果たす際にも，貴重な資料である。

　教師によっては，指導計画を立てるとき，一人一人のファイルを繰り返し見て，授業中の様子が目に浮かぶようになるまで見るという。これによって，必要なときに適切な手が打てて，教育の個別化，個性化が成るようである。児童生徒理解の基本的で貴重な資料ということである。

③ 引き継ぎ
　教育にとっては主たる帳簿なので，学年が変わり，クラス編成が変わったとき，ファイルは編成に合わせてファイルボックスに収め，次の担任へぜひ渡したい。これまでは，教育資料簿（補助簿）は教師の個人的な帳簿で，次の担任へは渡さなくてよかったが，これからは，次の担任へ渡すようにしたい。資料の継続が，教育の継続を支えるのである。継続は力なりである。

2 通信簿

　教育には，学校だけでなく，家庭も社会も参加している。ただ，直接かかわっているのは学校と家庭であるので，その間に緊密な連絡が必要である。緊密な連絡があってこそ，緊密な協力が生まれ，緊密な協力があってこそ，教育の成果が期待できるのである。

　通信簿が存在する理由は，この連絡のためである。学校と家庭，教師と保護者を，児童生徒を中心につなぐ手段には，連絡帳，学級だより，個別面談，学級懇談会，家庭訪問，電話連絡，メモを渡す，答案・作品等の返却など枚挙にいとまがないほどであるが，その代表的手段が通信簿である。

(1) 通信簿の機能

　通信簿が，学校と家庭，教師と保護者の間の連絡，通信，情報であることはすでに述べたが，その機能を，さらに具体的に述べれば次のとおりである。

> ① 様式や内容を，現在の教育の考え方や学校の教育方針に沿って作成して，新しい教育の考え方や学校の重点目標などを，保護者や児童生徒に理解させる機会とする。

　教育は，主知主義から全人としての人間形成に変わり，育成を目指す学力も，「知識に偏った学力，覚え込んだ知識の量」から，「自ら考え，主体的に判断し，課題解決に活用できる確かな学力，生きる力」へと変わってきている。また，大量生産方式から，個を伸ばし個を生かす教育への転換もある。

　これらを理解して協力してもらうためには，通信簿の構成は教科学習の成果ばかりでなく，学校生活全般，徳育，体育にもわたるべきである。そして，個性，特に長所を理解しやすくするように，例えば，「教科」については，新しい学力の考え方を反映した観点「関心・意欲・態度」

「思考・判断・表現」を中心に，分析的に見ることができるようにする。
　そして，「通信簿の見方，利用の仕方」を入れて，理解を助けるとともに，ＰＴＡの総会で，教務主任からよく説明すれば万全である。
　「学校の教育方針」の示し方であるが，ある小学校では，「体力づくり」を重点目標とした年の通信簿は，最初に「健康，体力」の欄を設け，スペースもたっぷりとり，必要な資料，家庭での協力の仕方などをていねいに示して，理解と協力が得られたという。配列と量の工夫である。

> ②　その学期における学習状況，進歩の状況，優れているところと努力を要するところなどを知らせ，保護者に対して，教育への関心と協力を求める機会とする。

　このためには，記載してある内容が，保護者によく理解できるように，分かりやすい表現をする。それも，協力の仕方，家庭での学習のさせ方が分かるようにすることである。保護者が，家庭での教育を評価し，改善する資料でもある。
　例えば，「算数2」といったように，1教科1つの総合評定では，算数が，まあできている「おおむね満足できる状態」とは分かるが，どこができて，どこができていないかは分からない。どこを学習させたらよいか協力の仕方が分からない。
　いくつかの「観点」について評定すれば，どこが優れ，どこが努力を要するかが分かる。もっと分かりやすいのは，「所見」で，そこに，「1桁数同士の加算は正しく，速くできるが，1桁と2桁，2桁と2桁の加算になると時間がかかり，誤ることもある」と書いてあれば，「夏休み中に1桁と2桁，2桁と2桁の加算を練習させよう」と協力できる。
　学校によっては，特に中学校や高等学校で，出欠と教科の総合評定だけというのがある。これでは，保護者はどう協力してよいか分からないし，児童生徒本人も努力，学習の仕方が分からない。
　やはり，児童生徒の長所，個性のすべてを認めて，励まし，努力させ

るためには，できるだけ多くの事項や欄があるほうがよい。

なお，事項，欄，所見の用字・用語は，児童生徒の発達段階に合わせてよく分かるようにしたい。例えば，小学校１年生では「国語」ではなくて，「こくご」といったようにである。

また，「所見」の記入にあたっては，誤字，あて字がないように，自信がないときは，必ず辞書で確かめる。「所見」は，ほとんどの保護者が読む。分かりやすい文章で用字・用語が正しいと「よい先生」と信頼し，下手な文章で，誤字，あて字があれば，「ひどい先生」と信頼を失うことになる。「所見」は，教師を評定する手がかりのようである。

> ③ 児童生徒に，学習状況，長所や努力を要する点を示し，自分の学習について自己評価（値ぶみ，点検，反省）する機会を与える。安心感，自信をもたせたり，今後の改善を動機づけたりもする。

このためには，学習状況，進歩の状況，長所，努力を要する点などをよく分かるように示すことである。自分で読んで理解し，反省し，改善する自己評価が評価の理想である。クックは，「最も有効な評価は，学習者自身が行う評価であり，次に意味のあるのは，先生とクラスメイトからの評価であり，第三に意味のある評価が，そのクラスの外からの評価である。なぜなら，先生とクラスメイトからの援助は，子ども自身に直接に与えられるが，クラスの外の者が子どもに影響を及ぼす機会は間接的だからである。」と述べている。

このような提唱が共感を呼んだこともあるが，自己教育力の提唱で，自学自習が学習の理想なら，評価の理想は自己評価であろうと，自己評価の実施に拍車がかかったのである。

通信簿についても，渡して自己評価をさせるだけでなく，児童生徒が記入する欄を設けて，記入させ，作成する段階から自己評価をさせる学校も現れてきた。これから，しだいに増えると思われる。

なお，「所見」を分かりやすく，一人一人書き分けるのは，なかなか

大変である。思い浮かべながら書くと，教師の癖が出て，似たものが多くなってしまう。ふだんから，記入例をたくさん集めるよう心がけ，それを活用して，書き分けるようにすることである。

④ 教師としては，一人一人の児童生徒をていねいに見直し，深く理解する機会である。

学期に1回，年3回，妥当で信頼のおける通信簿を作成するためには，一人一人についてファイル型の教育資料簿（補助簿）を用意し，平常の学習や行動を観察したり，テストしたりなどして，多面的で詳細な資料を収集して，整理，記録し，保存しておかねばならない。

そして，これらによって深く理解した上で作成すれば，適切な通信簿，児童生徒も保護者も納得できる通信簿に仕上がることは確実である。きめ細かく豊富な資料で，通信簿をていねいに作成するのは，教師にとっては，児童生徒の一人一人を深く理解し，評価する機会である。その機会を生かせれば，一人一人の教育についてていねいに評価（値ぶみ，点検，反省）し，改善できて，その後の教育で個性を伸ばし，学力を向上させることができる。

この場合，十分な資料とは，児童生徒や保護者が通信簿の記入内容について質問したとき，見せて，納得させられるだけの資料，説明責任を果たせるだけの資料である。

⑤ 保護者，家庭から，学校での教育についての質問や要望，あるいは家庭での児童生徒の様子やそれにかかわる質問，家庭教育の方針などを連絡する機会である。

このために，家庭からの通信欄が設けてある。しかし，記入する保護者が少なくて廃止している学校もある。通信簿を，学校から家庭の一方通行にしてはならない。評価の動向としては，評価をする人，評価の主体は，かつてはもっぱら教師であったが，児童生徒の自己評価が多く行われるようになり，児童生徒も評価の主体になってきた。

学校評価では，地域住民と保護者も評価者となる。通信簿でも，保護者を評価者にしたいと考えている学校もある。児童生徒に自己評価させる欄を設けるとともに，保護者にも欄を設けたいということである。これは，児童生徒の教育に，共同責任を強く感じさせる試みでもある。
　その意味で，家庭からの通信欄は設けるべきであるし，設けた以上は記入させたいものである。
　ある小学校では，通信欄に記入しないのは，空欄で自由記述が記入しにくいためと考えた。上のほうに，「手伝い」「お使い」「宿題」と家庭での様子で知りたい項目をあげ，「必ず行う」は◉，「ときどき行う」は◎，「行わない」は○，を欄に記入させた。まったく行わなくても○を付けさせた。通信簿は児童が学校から家庭へ，そして学校へと持って行き来するもので，必ず見るものである。×では，いやな気分になるだろうということへの配慮である。そして，その下に通信欄（空白）を置いたのである。人間とは面白いものである。記入の仕方が簡単なので，上の項目には保護者のほとんどが記入し，「なお，書きたいことがあったら書くように」との指示のある下の通信欄にも，つい記入してしまった人が多かったようである。上手な記入させる工夫である。記入してこないのは，この工夫が足りなかったのである。

　以上が，通信簿の機能である。通信簿は，作成，発行することが，法律で義務づけられていない。学校の自由なのに，ほとんどの学校で学期に1回，年間3回作成，発行しているのは，教育上必要だからである。
　学校の自由なので，毎学年の年度始めに，昨年と同じで行うのか改めるのかを協議し，決定する。その際には，これまで述べた機能を果たしているかをチェックすることである。そのチェック・リストを次に示しておくので参考にするとよい。

> **通信簿が機能しているかのチェック・リスト**
> ① 現在の教育の考え方，学校の教育方針に沿った様式，内容，配列になっているか。
> ② 保護者に理解できるか，特に協力の仕方が理解できるように記入されているか。
> ③ 児童生徒に理解できるか，自己評価ができるようになっているか。
> ④ 保護者，児童生徒が納得するだけの資料で作成しているか。
> ⑤ 保護者からの通信はあるか。

すべてが◎（三重丸）の通信簿を作成することである。

(2) 通信簿の様式・内容

① 様　式

小学校6年間，中学校3年間を1冊にまとめたものは稀で，ほとんど学年ごとに1冊である。そして，その量は4ページの見開きがほとんどであるが，三つ折りの6ページ，さらに詳細な8ページもあり，28ページのものもあった。

② 名称・表紙

① 名称：小学校では，漢字で「通知表」，仮名で「あゆみ」が多い。中学校では「通知表」が多い。

② 表紙：小学校では，通信簿が権威的存在になっているのを和らげようと，絵や写真入り，色刷りのものがある。「あゆみ」も和らげる工夫である。中学校では逆に自覚を促すために，校章を入れたものがある。

③ 内容・留意点

① 構成：全人的であろうとして，「各教科の学習の記録」「外国語活動の記録」「総合的な学習の時間の記録」「特別活動の記録」「行動の記録」「総合所見」「通信欄」「出欠の記録」「身体・健康の記録」「学校の教育目標」「校歌」「修了証」「通信簿の見方，利用の仕方」，

そして少数であるが「標準検査の記録」など，広く収められている。

② 「文章で書くところ」：必ず長所を誉めてから，欠点はこう努力すればさらによくなるという書き方をする。まず，誉めるのは，誉めると気持ちよくなり，努力の仕方も素直に読むからである。そして，誉めるのを七分，努力の仕方を三分ぐらいにするのがよい。

③ 「見方・利用の仕方」：通信簿の終わりに置いてあることが多いが，よく読んでから見て，活用してほしいので，いちばん最初に置くのがよい。「見方・利用の仕方」には，子どもの長所を認め，誉め，励まして，欠点については叱る材料にしないで，どう努力するかを話し合う材料にするように書いてある。最後に置いては，叱ってしまってから見ることになり，手遅れになることがある。

④ 内容のあり方：指導要録と同じにした場合，「通信簿は指導機能，指導要録は指導機能と証明機能があるので違うべきだと聞いたことがあるが，同じなのは誤りではないか」といった類の質問が，PTA総会で出ることがある。この場合は，「通信簿は法定簿ではないので，どのように作成するかは，学校の自由である。よく考えた上で，違うものを作成するのも自由であるが，指導要録はとてもよくできているので，それを採用するというのも学校の自由である」と答えればよい。

(3) 渡すときの言葉かけ

これが，通信簿の仕上げである。かける言葉によって，児童生徒は，やる気になったり，やる気をなくしたりする。誉めて，努力の仕方を言うようにするべきであるが，すべての児童生徒に適切に言い分ける必要がある。そのためには，かける言葉を収集しておくこと，児童生徒によって変えること，間違えないように児童生徒ごとにメモしておくことである。そして，このメモは，学年が終了するまで教育資料簿（補助簿）に収めておいて，次の学期に参考に見て確認する。同じ言葉を3学期と

も言って，児童生徒をがっかりさせる教師がいるようである。

3 指 導 要 録

　指導要録は，通信簿と違って，法律で作成と保存期間が義務づけられている表簿である。前身は，1900年に制定された「学籍簿」であったが，戦後，一時「累加記録摘要」「指導要録」と混乱したが，1949年に「指導要録」に統一された。

(1) 基本的性格と機能
　学籍簿は，最初は，学業成績等を含まない学校戸籍簿そのものであった。その後，操行，学業成績，身体，家庭環境などが記載され，教育，指導の資料，原簿の性格が加わった。そして，指導要録となり，1955年の改訂の際に，対外的な証明の原簿という性格が加えられた。これによって，指導要録は指導機能と証明機能をもつことになった。

① 指導機能

> 指導要録は，多年にわたる指導，学習の過程と結果を，観察，テスト等によって測定し，その結果を要約して記録・蓄積したものである。その記録は，広く学校生活全般にわたり，各個人についての多角的，包括的な指導の資料としての記録である。

① 新担任の場合：学年が変わり，担任が変わっても，前年までの指導要録をていねいに見れば，それまでの方針を継続して教育を行うことができる。年度頭初に，一人一人の指導要録に目を通し，必要と思われるものは，教育資料簿（補助簿）に記入しておくと，指導に活用できる。

② 転校の場合：前の学校から送付された写しをていねいに見ることによって，新しい学校の担任は転校生をよく理解でき，最初から適切な教育を行うことができる。

③ 問題発生の場合：指導要録の以前の記録を見ることによって，原

因を発見し，適切に対応し，問題を解決できる。

以上のように，指導要録は，指導の資料として大変有効である。しかし，このことについては，「教育資料簿（補助簿）のほうが具体的で詳細なので，より有効であることは明らかである。名称をそれにふさわしく改めて，公式の帳簿にし，指導要録からは，指導機能を除いたほうがよい」との意見がある。要約した記録なので，具体性に欠け，指導には活用しにくいという意見である。

② **証明機能**

> 進学，就職，転校などの際に，進学先，就職先，転校先へ，在籍していたこと，在籍中の様子を証明する原簿の役割を果たしている。これを外部への証明機能という。

① 事実の記録の必要性：進学の際には抄本か写しを作成し，就職の際には調査書を作成し，転校の際には写しを作成して，送付することによって，その機能は果たされている。その際，肝心なのは，記載内容が，客観的で，信頼できることである。指導要録の記載内容に，客観的で，事実の記録が求められるのは，この証明機能を有していることが最も大きな理由である。

② 「評定」の問題：進学，就職の際に，選抜，採用の重要な資料である調査書に記載されている「評定」が，信頼されていない。学校や教師の主観性が強く，学校や教師によって意味合いが異なり，同じ3であっても，同じものとして扱えず，資料としては役に立たないといわれている。

　以前は，客観的で安定しているので安心して使える集団基準準拠評定であった。主観性の問題があるのが分かっていながら，それを解決しないまま，教育的に望ましいという理由で，目標基準準拠評定に切り替えてしまったためである。

③ 「評定」の信頼の回復：指導要録の各教科の「評定」「観点別学習

状況」「外国語活動の記録」「総合的な学習の時間の記録」「特別活動の記録」「行動の記録」は，すべて目標基準準拠の評定である。入学試験で問題になっている「評定」は教科についてであるが，教科の評定はまだよいほうである。他の欄のほうが，さらに問題である。安心して使える評定にする努力をすべての欄についてすることである。さもないと，指導機能の不要論だけでなく，証明機能への不信論，指導要録の根本的見直し論に発展することになる。

(2) 種類と保存期間

在籍しているすべての者について作成する「原本」，進学するものについて作成して進学先へ送付する「抄本又は写し」，転校する者について作成して転校先へ送付する「写し」の3種類があり，作成の責任者はすべて校長である。

① 原　本

在籍する者のすべてに作成し，戸籍に当たるものである。作成の責任者は校長であるが，記入については担任に道義的責任がある。なお，原本が，学籍の記録と指導の記録の2枚に分けてあるのは，保存期間が異なるためである。前者は，原本と転校で送付されてきた写しを，卒業後20年間，後者は，原本と写しを卒業後5年間保存する。その期間は保存義務があるが，その後は廃棄してよい。

② 進学の際の抄本と写し

抄本は戸籍抄本に当たり，写しは戸籍謄本に当たる。抄本は，必要部分だけを抜粋したものなので，指導要録の記載内容の全部ではない。しかし，抜粋した内容は原本と同じが原則で，変えることはできない。以前は，進学の際はもっぱら抄本であったが，コピー時代に備えて，「写し」でもよいことになったのである。

なお，保存期間については，かつて通知文で，当該学校に在学中保存すればよいと示され，それが踏襲されている。

③ 写　　し

　転校の際に作成，送付されるもので，戸籍謄本に当たる。写しには，進学の際に作成する写しもあって，まぎらわしい面がある。転校の写しは，これに基づいて転校先では原本を新しく作成する。

　保存期間は，新しく作成した原本と合わせて，卒業後，学籍の記録は20年間，指導の記録は5年間である。

(3) 内　　容

　学籍に関する記録と指導に関する記録から成り，1枚ずつに分けられている。2枚に分けられているのは，保存期間が，前者は20年，後者は5年と異なるためである。

① **学籍に関する記録**

　① 学年，学級，整理番号
　② 児童生徒の氏名，性別，生年月日，現住所
　③ 保護者の氏名，現住所
　④ 入学前の経歴
　⑤ 入学・編入学等，転入学，転学・退学等，卒業，進学先，就職先等
　⑥ 学校名及び所在地（分校名・所在地等）
　⑦ 校長氏名印，学級担任者氏名印（年度，学年ごとに）

② **指導に関する記録**

　① 氏名，学校名，学年，学級，整理番号
　② 各教科の学習の記録：Ⅰ観点別学習状況，Ⅱ評定。これを，「Ⅰ観点別評定」，「Ⅱ総合評定」と改めたい。
　③ 外国語等の記録（小学校のみ）
　④ 総合的な学習の時間の記録：学習活動，観点，評価。この場合の「評価」は，評価ではなく評定なので，「評定」と改めたい。
　⑤ 特別活動の記録：学級活動，児童（生徒）会活動，クラブ活動（小学校のみ），学校行事。

⑥　行動の記録：「道徳の記録」と改めるか，学習指導要領と統一した名称にしたい。
⑦　総合所見及び参考となる諸事項
⑧　出欠の記録

(4) 記入上の留意点

公の表簿であるから，記入については，次のような原則で行う。
①　記入の文字は，原則として常用漢字，現代仮名遣いを用いる。
②　楷書で正確に記入する。
③　数字は，1，2，3の算用数字を用いる。
④　文章は口語文，字体は新字体によるが，氏名，学校名などで旧字体が使われている場合は，そのまま用いる。
⑤　学校名，所在地，校長氏名，学級担任氏名，児童生徒の現住所，保護者の現住所など，変更，併記の必要が生ずるものは，欄の上部に寄せて記入する。
⑥　記入事項の変更は，抹消事項を2本線で消し，前の事項も読めるようにして，必要事項を記入する。認印を押さない。
⑦　誤記の訂正は，2本線で消し，訂正事項を記入し，訂正箇所に訂正者の認印を押す。小さな認印を教師になるときに作っておくのがよい。
⑧　抹消だけの場合は，抹消部分が読めるように2本線で消す。
⑨　記入は，黒インクのペン書きかボールペンを用いる。
⑩　学校名，現在地，校長氏名，学級担任氏名など，共通なものは，ゴム印でもよい。
⑪　記入事項が多くて，その欄に書ききれないときは，付箋を用いる。

(5) 開示，閲覧の留意点

本人や保護者から求められると開示することになり，また，活用するためには，閲覧をしやすくしておく必要がある。しかし，個人情報は保

護して，プライバシーの侵害を防ぐ必要がある。開示，閲覧にあたっての留意点を示すと，次のとおりである。
① 開示・閲覧については，規定を作成して，管理責任者を決め，閲覧簿を設けておく。
② 開示・閲覧は，責任者が規定に従って判断するのを待って，許可を得て，閲覧簿に，日時，目的，対象，氏名など，必要な事項を記入した上で行う。
③ 目的，対象として記入した範囲の外は，開示，閲覧しない。
④ コピー，持ち出しは，必ず責任者の許可を得て行う。それらは，決して他人には見せない。
⑤ 外部からの公開の依頼があった場合は，未成年の場合は保護者，成人の場合は本人の承諾があった場合だけ行うのが原則である。その他は公表しないのがよいということである。

いずれにしても，公開，開示，閲覧は，重大な問題が生じるおそれがあるので，規定を作成し，慎重の上にも慎重に行うことである。

4 調 査 書

中学校・高等学校の校長が，進学希望先へ，生徒の成績等を選抜の資料として，あらかじめ（内々に）知らせるためのものなので，内申書ともいわれる。ただし，法律には，「校長は，中学校卒業後，高等学校，高等専門学校その他の学校に進学しようとする生徒のある場合には，調査書その他必要な書類をその生徒の進学しようとする学校の校長あて送付しなければならない」（学校教育法施行規則第54条の4）とあり，公には調査書といわれている。

(1) **意義と内容**
① 意　　義
　調査書には，日常の学校生活全般にわたっての状況が，要約されて記

入してあるので,入試選抜で重視されればされるほど,日常の学校生活を重視することになる。学力検査重視の選抜には,日常の教育の軽視になったり,受験指導的な教育になる弊害があるが,それを防止できるという利点がある。

　一般入試では,学力検査と対等の取扱いがされることが多いが,推薦入試では,大変重視されて取り扱われている。

② 内　　容

　県立高校の入試では,公のものであるので,各都道府県の教育委員会で決められてきた。およそ,次のような内容であることが多い。

　　① 生徒氏名,生年月日,性別
　　② 入学年,卒業年,卒業後の動向
　　③ 志望校
　　④ 健康の記録,体力テストの記録
　　⑤ 出欠の記録と欠席の理由
　　⑥ 各教科の学習の記録
　　⑦ 総合的な学習の時間の記録
　　⑧ 特別活動の記録
　　⑨ 行動の記録
　　⑩ 総合所見及び参考となる諸事項
　　⑪ 記入者氏名,作成責任者氏名,作成年月日

などであって,指導要録の様式,内容に準拠しているものが多い。

　以上のそれぞれについての記入は,指導要録に準拠して行う。準拠して行うというのは,省略されることはあっても,変えることはできないということである。公文書偽造となることもあり得るのである。

(2) 課　　題

　公平に行うべき入試選抜の重要な資料なので,内容の妥当性,信頼性,客観性が求められる。特に,教科の「評定」について求められるが,妥

当性，信頼性，客観性に問題があり，安心して使えないとの批判が，毎年，入試のたびにマスコミをにぎわせている。教科の「評定」は，元来，客観的で安心して使える集団基準準拠（相対）の評定であった。

調査書の最大で，かつ急いで解決すべき課題は，「評定を正し，安心して使えるものにすること」である。そのためには，繰り返し述べているが，公が目標の具体化総覧を作り，教師みんなに共有させることである。そして，できたら測り方も，評定する基準も共有したい。それが成って初めて，信頼できる評定，調査書になるのである。

なお，評定が信頼されていないのは，教科だけではない。行動も，特別活動も，総合的な学習の時間もである。それぞれ手順を共有し，正確に行うことである。

📖 小事典

■通知「票」

　転向した学校で受け取ったのは通知「票」でした。前の学校では通知表でしたが，新しい流行でしょうか。

　これは，保護者からの質問であった。学校に問い合わせたら，「前からずっと同じです」との回答だったので，教育委員会に問い合わせたら，「文部科学省に聞いてくれ」と言われた。文部科学省に問い合わせたら，「文教大学の石田に聞くように」ということだったので，教えてくれとのことであった。

　次のように返事をした。「票というのは紙片，短冊のことで，昔は年度末に，成績を縦に並べて下のほうに及，落の判定を入れて通知していたので，縦長の紙片で十分間に合っていた。通知する縦長の紙片なので，通知票としたのである。その後，年度末に，いきなり落第は教育的でない。途中で何回か知らせて努力させるべきだということで，学期に1回，年間3回出すようになった。表が多くなり，見開き4ページがふつうになったので，票ではな

くて表だと，通知「表」になってきたのである。学校が，ずっと同じと言ったのは，最初，通知票だったのを，特に見直すこともなく使い続けているということで，流行ではなく，古いままなのである。」

よく分かったとの返事であったが，この学校では，年度頭初に，通知票についての協議があるはずである。各称も，協議の対象にするのがよい。

■指導要録の由来

戦後，指導要録は，若干の混乱があって，この名称に落ち着いたと聞いているが，どういう経緯でこの名称になったのか。

教育課程審議会に，指導要録の説明役で出席したときに受けた，委員からの質問である。文部科学省の担当者が答えると思っていたら，「石田先生いかがですか」と司会者から言われ，やむを得ず，次のように答えた。

「前身は学籍簿であるが，戦後，様式，内容を改め，名称も改められた。最初は，累加記録摘要，指導要録と一時混乱があったが，昭和24年に，指導要録に統一された。その経緯は確認していないが，通知文に，「学籍並びに指導の過程及び結果の要約を記録し，その後の指導及び外部に対する証明等に役立たせるための原簿」とある。その「指導」，要約の「要」，記録の「録」を集めて「指導要録」としたのではないかと思う。見事な造語である。」

これは，私の推測を述べたものであるが，定説になっているようなので，大変困惑しているところである。

■「評定」の移り変わり

各教科の「評定」が，［Ⅰ（主役）］から［Ⅱ（脇役）］になり，「相対，相対を原則」から「絶対」になった経緯を知りたい。

これは，多くの教育関係者からよく聞かれる質問である。経緯のおおよそを，次に述べる。

①相対評定に絶対評定を加味：昭和54年まで

指導要録改訂のたびに，「教育的に望ましい目標基準準拠の評定にするべきだ」との教育論，あり方論，理想論が主張され，通りそうになる。しかし，「教育的に望ましいのは分かっているが，教師の能力からも，測定技術の状況からも，行うのは不可能である。強行して行えば，評価，評定への不信，

ひいては，教師への不信を招く」との測定論，現実論の反論があり，毎回，相対原則やむを得ずに落ち着いていたのである。

②「観点別学習状況」で絶対評定の導入：昭和55年

すでに述べたように，信頼できる「評定」にする核心は，目標具体化一覧の共有である。完全習得学習が，単元レベルの指導，学習過程で目標基準準拠（絶対）を行い，その決め手は，目標の具体化と主張し，普及したことで，目標の具体化と共有が単元レベルではできそうということになり，指導要録へ「観点別学習状況」で「絶対評定」が導入された。「評定」は相変わらず，「相対」を原則としていた。

③観点別学習状況（絶対）が「Ⅰ（主役）」で評定（相対原則）が「Ⅱ（脇役）」：平成３年

改訂の際に，「観点別学習状況」は正確に行えているのは３割もいないので，次の改訂までは，みんなが正しく行えるようにすべきだという意見が多かったが，各教科で「Ⅰ観点別学習状況」「Ⅱ評定」と主役が，「観点別学習状況（絶対）」になった。しかし，入試では観点別学習状況は主観的ということで，主役は相変わらず「Ⅱ評定（相対）」であった。日常の教育は，「Ⅰ観点別学習状況（絶対）」を主役に行われ，最後の入試で「Ⅱ評定（相対）」が主役になり，しかも順位で合否が決まる強烈な「相対」で終わる歪んだ教育が続いた。

④評定も絶対評定に：平成13年

指導要録の改訂が，教育評価の専門委員会でなく，教育課程審議会で行われるようになって，教育論が圧倒的に強くなった。委員の多くは大学教師で，「大学入試では，高校の評定はまったく信用できない，判定ではあまり参考にしない」という意見が多かったが，なぜか，「小，中学校は，絶対で」という結論で，「評定」も「絶対」になってしまった。

その結果，高校入試のたびに，「Ａ中学校が，５を多く付けているので，有利である」などと，マスコミに取り上げられたりしている。「評定」を正す努力をしないで，「絶対」にしたためである。絶対評定を正確に行えるように，全力をあげることである。

■指導要録の法的根拠

学校教育法施行規則　第12条の３（指導要録）

　校長は，その学校に在学する児童等の指導要録（学校教育法施行令第31条に規定する児童等の学習及び健康の状況を記録した書類の原本をいう。以下同じ。）を作成しなければならない。

②　校長は，児童等が進学した場合においては，その作成に係る当該児童等の指導要録の抄本又は写しを作成し，これを進学先の校長に送付しなければならない。

③　校長は，児童等が転学した場合においては，その作成に係る当該児童等の指導要録の写しを作成し，その写し（転学してきた児童等については転学により送付を受けた指導要録の写しを含む。）及び前項の抄本又は写しを転学先の校長に送付しなければならない。

同規則　第15条（備付表簿，その保存期間）

　学校において備えなければならない表簿は，概ね次のとおりとする。

４　指導要録，その写し及び抄本並びに出席簿及び健康診断に関する表簿

②　前項の表簿（第12条の３第２項の抄本又は写しを除く。）は，別に定めるもののほか，５年間，これを保存しなければならない。ただし，指導要録及びその写しのうち入学，卒業等の学籍に関する記録については，その保存期間は，20年間とする。

■抄本又は写しの保存期間

　法令上特に定められておらず，かつて通知文で当該学校に在学する期間保存することになっていたので，それでよいとされている。

第11章 測定技術3
標準検査，知能検査・標準学力検査

◆テスト法の一つである標準検査の意義，標準化について説明するとともに，知能検査と標準学力検査についての理論と利用に資するための基礎知識を示す。

1 標準検査（教育・心理検査）

標準化の手続きに従って作成された検査のことで，知能検査，学力検査，性格検査，適性検査等がある。教育の成果や心理的特性を測定しているので，教育・心理検査ともいわれる。最大の特長は，各児童生徒の状態を全国基準で解釈できることである。

標準検査は，全国的に実施され，活用されるので，いつ，どこで，だれが行っても，同じように実施，採点・処理，結果の解釈ができるように作成されなければならない。そのために行われるのが標準化の作業である。それは，内容，実施，採点，解釈について行われる。

(1) 内容の標準化

検査で測定する目標の範囲を明確にし，その全体を母集団とし，それを見事に代表する見本を抽出して，検査内容とすることである。検査内容が，測定したい全体の内容（目標）を代表しているので，検査結果から全体の状態を正確に推定できるのである。

(2) 実施の標準化

実験のときの実施と同じように実施できるように，実施の仕方が定められていることである。解釈する基準（尺度）は，標準化の実験に基づいて作成されている。実験のときの実施と同じように実施しないとその基準での解釈は正しく行えないのである。

(3) 採点の標準化

だれが採点しても，客観的に採点できるように，正答，許容範囲などの採点基準が作成されていることである。この採点基準によって採点されて，解釈の基準（尺度）は作成されているので，採点基準に従って採点しないと，解釈ができなくなる。

(4) 解釈の標準化

解釈のための全国基準（尺度）が作成されていることである。この基準は，全国の対象となる児童生徒等を母集団とし，それを見事に代表する見本を抽出して，その見本集団に検査を実施し，その結果に基づいて作成する。

2 知能検査

知能を測定するために標準化された心理検査である。1904年にフランスのビネーが，パリの教育当局から，小学校就学時に，就学後の教育の可能性を判断できる，知的能力を測定する検査を作成してほしいと依頼を受け，医者シモンの協力を得て，1905年に作成したのが，知能検査の創始である。

(1) 知　　能

知能については，多くの学者が定義しているが，次のとおりである。
① 抽象的思考力，判断力，推理力などの「高等な精神作用」である。
② 「学習能力」，学習の基底にあって学習を可能にする能力である。
③ 新しい場面，新しい課題への「適応能力」である。
④ 認知する能力，認知・処理する能力。「認知能力」である。
⑤ 認知能力に基礎的学力（学習の基底にあって学習を支える学力）を加えたもの。「認知能力と基礎的学力」である。

学校教育では，学習能力，認知能力，認知能力と基礎的学力の定義が，受け入れやすい。

(2) 知能の構造

知能検査は，知能が，どのような能力で構成されているか，その構造を明らかにし，能力ごとに下位検査を作成，構成することになる。構造の解明は，主として因子分析によってなされてきた。

① 一般知能説

イギリスのスピアマンは，知能は，すべての知的活動に共通に働いている一般因子 g と特定の知的活動だけに働く特殊因子 s から成り，そして，知能検査の使命は，一般因子を測定することである，としている。

② 多因子説

知能は，多くの因子から成るとの考え方である。アメリカのサーストンは，知覚，数，言語，空間，記憶，語の流暢性，推理力の7因子から成ると考え，その流れをくむギルフォードは，内容（図形的，記憶的，意味的，行動的），操作（認知，記憶，集中的思考，拡散的思考，評価），所産（単位，類，関係，組織，変換，含意）の3次元（$4 \times 5 \times 6 = 120$）の知能の立体モデルで120因子を提唱している。

③ CHCモデル

キャッテル・ホーン（CH）の考え方とキャロル（C）の考え方を統合したもので，具体的には次ページの表に示すとおりであるが，因子分析的研究の成果を集大成したものといえる。したがって，集団知能検査にとっては強力な拠りどころである。

④ ルリアモデル

脳損傷者の臨床的観察と実証研究からルリアが提唱したもので，具体的には次ページの表に示してあるが，個別知能検査の強力な拠りどころである。

(3) 知能検査の種類

① 個別知能検査

1905年にビネーが開発した最初の知能検査は，面接法による個別知能

表 KABC−Ⅱの各尺度と2つの理論モデル

尺度	ルリアの用語	CHCの用語	KABC-Ⅱの尺度名 〈米国版〉		KABC-Ⅱの尺度名 〈日本版〉	
下位尺度	継次処理 同時処理 学習能力 計画能力	短期記憶（Gsm） 視覚処理（Gv） 長期記憶と検索（Glr） 流動性能力（Gf）	継次処理/Gsm 同時処理/Gv 学習能力/Glr 計画能力/Gf		継次処理/Gsm 同時処理/Gv 学習能力/Glr 計画能力/Gf	認知尺度
		結晶性能力（Gc） （日本版では語い能力） 読み書き能力（Grw） 量的知識（Gq）			語い能力/Gc 読み書き能力/Grw 算数能力/Gq	習得尺度
総合尺度	認知処理過程指標（MPI）	流動性・結晶性指標（FCI）				

注：破線から上の能力は，米国版，日本版とも同じ。破線から下の能力は日本版KABC-Ⅱのみに位置づけられた能力。

〔月刊『指導と評価』2011年2月号「教育・心理検査入門第11回」（藤田和弘，石隈利紀，服部環）より〕

検査であった。

① 種　類

一般知能を測定するビネー式などの一般知能検査と，因子ごとに各能力を測定して構造もみるWISC，K-ABCなどの診断性知能検査とがある。

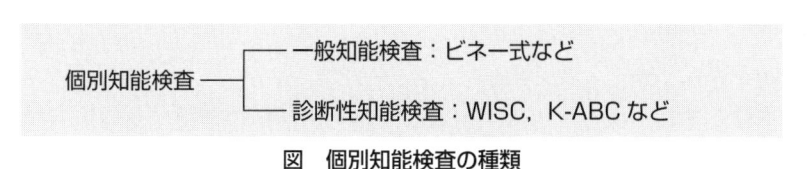

```
個別知能検査 ─┬─ 一般知能検査：ビネー式など
              └─ 診断性知能検査：WISC，K-ABC など
```

図　個別知能検査の種類

② 精密な検査

1問1問をていねいに問い，その上で解答させるので力量を正確に確かめることができる精密な検査である。精密で正確な資料を必要とする就学時健康診断，教育相談等に適している。

③ 実　施

実施には特別な器具を用い，採点，処理，解釈して活用するために，専門的な知識と技能が必要である。臨床心理士，教育カウンセラー，心理検査士，ガイダンス・カウンセラー等の資格をもっている者が実施するのが望ましい。

② **集団知能検査**

個別知能検査は，面接法で時間がかかるという難点があった。時間を節約するために，集団で行える知能検査の工夫が進められた。それを実らせたのが，ヤーキーズで，第一次世界大戦の際（1917年）に，アメリカの陸軍に徴兵で入隊する兵士を適正配置するために，集団知能検査を開発して実施した。集団知能検査の成立である。

① 種類：A式とB式

英語でまず作問したのが陸軍αテストで，言語式検査を「A式」という由来である。そして，英語ができない兵士のために，図形等を用いて作成したのが陸軍βテストで，非言語性検査を「B式」という由来である。

② 大まかな検査

集団知能検査は，制限した時間内にできるだけ多くの問題を解くように求められるので，資料の精度はやや大まかである。クラスの児童生徒の実態を知り，学力と比べて教科教育に活用したり，進学の際に進学先の選択の参考にしたりする。

③ 実　施

正確な実施，採点，処理，解釈が，正しい活用の前提である。

(4) **知能検査の結果の表示**

① 知能指数（IQ：Intelligence Quotient）：一般知能の表示

$$知能指数(IQ) = \frac{精神年齢(MA)}{生活年齢(CA)} \times 100$$

MA：Mental Age　　CA：Chronological Age

100を中心に，上であれば優れており，下であれば劣っていると解釈

して活用することになる。

広く使われるようになって問題が生じてきた。指数の意味が，年齢によって異なる。活用するのに問題がある表示ということである。この難点を克服し，安心して使える表示に考案されたのが，知能偏差値である。

② **知能偏差値（ISS：Intelligence Standard Score）：一般知能表示**

$$知能偏差値(ISS) = \frac{個人の得点(x) - 平均(\bar{x})}{\frac{標準偏差(SD)}{10}} + 50$$

SD：Standard Deviation

「標準得点」によって，各被検査者の得点（測定値）が集団の中でどの位置にあるかを安定して示すことができることを，アメリカではマッコール，日本では丸山良二がほぼ同じ時期に気づき，使いやすい数値が算出できるように考案してできたのが，「偏差値」である。

50を中心に，上であるほど優れており，下であれば劣っているという表示である。

③ **偏差知能指数（D・IQ：Deviation IQ）：一般知能の表示**

$$偏差知能指数(D \cdot IQ) = \frac{x - \bar{x}}{\frac{SD}{15 \text{か} 16}} + 100$$

D・IQ：Deviation Intelligence Quotient

使いなれていた知能指数も棄てがたいということから，偏差値と同じく標準得点に手を加えて，知能指数と同じような数値を算出する方法として考案されたのがD・IQである。知能指数，知能偏差値，偏差知能指数による知能水準の解釈は，次ページの表に従って行っている。

④ **A式偏差値・B式偏差値等：群知能の表示**

いくつかの知的活動に共通な因子，群因子の水準についての表示である。集団検査での，A式偏差値　B式偏差値，WISCの言語性IQ，動作

表　知能検査の結果の解釈・表示

（偏差）知能指数	知能偏差値	理論的分布	知能段階	
140以上 124〜139	75以上 65〜74	1% 6	上	5
108〜123	55〜64	24	中の上	4
92〜107	45〜54	38	中	3
76〜91	35〜44	24	中の下	2
60〜75 59以下	25〜34 24以下	6 1	下	1

性IQ，KABCの認知尺度，習得尺度などが，その例である。

⑤　診断プロフィール：単位知能の表示

　特殊因子（特定因子，単位因子）を測定しているのが下位検査である。その結果はプロフィールとして示され，知能構造の詳しい解釈ができる。

(5)　知能検査の結果の活用

① **指導要録・教育資料簿（補助簿）への記入**

　知能検査を実施し，結果を利用するために，正確に記録し，必要に応じて活用できるように保存しておきたい。指導要録では，「総合所見及び指導上参考となる諸事項」に記入することになっている。

　ただし，この欄には，スペースに対して記入事項が多いので，詳細は記入できない。ファイル式の教育資料簿（補助簿）に収め，学校としてファイルボックスに保存，管理するのがよい。

② **知能水準の理解**

　①　知能水準は，教育の可能性を示している。個々の水準理解は，小学校就学時には，適正な就学先を，高校，大学への進学時には，適切な進学先を判断するのに大変貴重である。

　②　知能水準に照らしながら，平常の授業中の個々の様子を思い浮か

べ，指導の仕方，教材，教具等は適切であったかを反省してみる。知能検査の結果を手にするたびに，これを行えば，教育の個別化，個性化が促進できる。

③　学年，学級については，平均，分布によって，集団としての知能の様子が理解でき，教育のあり方を考えることができる。

③ **知能構造の理解**

群知能の表示，単位知能の表示で理解できる。

①　A式偏差値は論理的思考力の程度，B式偏差値は直観的思考力の程度を示す。指導の仕方の参考になる。

②　言語性IQは言語を操作する能力の水準を，動作性IQは視覚的情報を操作する能力の水準を示しており，教育の仕方の参考になる。

③　KABCでは，認知尺度で認知のパターンを，習得尺度で教科学習の基礎としての学力の状況を理解できる。適切で，有効な教育を展開するのに大変貴重な資料である。

④　単位知能の表示は，診断プロフィールである。これを見ることによって，各教科と関係の深い能力についての水準が理解でき，各教科のこれまでの学習状況が理解でき，これからの指導の仕方を考えることができる。

④ **学力との比較活用**

知能が学習の可能性であるのに対して，学力は現実である。知能（可能性）と学力（現実）を比較することによって，教育は能力を十分発揮させているか，学力向上の可能性はあるか，その対策はどうかなどを検討し，実行できる。

⑤ **学級編成への活用**

学級編成には，等質編成と異質編成とがあるが，学力によって行われることが多い。知能を加えて行えば，さらに効率がよくなるといわれている。

⑥ 適正就学の資料

　小学校就学時に，いずれに就学するのが適正かを判断する大切な資料であり，就学後の指導にも活用できる資料である。

⑦ 進路指導への活用

　知能は，進学後の学習可能性とともに，就職後の仕事の遂行可能性を予見させる能力である。職種ごとに必要な知能水準の研究も進んでいる。卒業生の進学先での成績から，入学後に成果が十分上げられる知能水準もおおよその見当はつく。資料として積極的に活用し，就職，進学を適正に進めたいものである。

3 標準学力検査の意義

　学力を測定するために標準化の手続きを踏んで作成された教育検査である。1909年にソーンダイクが発表した書き方尺度が，学力について標準化された最初の尺度といわれている。

(1) 学　　力

　「学習によって獲得された能力」が，最も簡単な定義である。「獲得された能力」あるいは「能力が獲得された」とは，例えば，「1＋1＝2の計算ができるようになった」というように，教育で実現を目指す目標が実現した状態である。したがって，学力は，「教育によって，児童生徒がその目標を実現している状態」とも定義できる。

(2) 学力の構造

　領域と能力の2つの視点から考えられる。

① 領域から見た構造

　領域は，教科内容を細分化したもので，各教科独特なものである。算数の，数と計算，それを細分化した加法，減法，乗法，除法などが，その例である。単元名，小単元名，教科書の目次などで示されていることが多い。

② 能力から見た構造

学力を能力の視点から細分化すると，下記のようになる。
① 認知的側面：知識，理解，思考力，創造力など。
② 技能的側面：技能，作品，表現など。
③ 情意的側面：関心，意欲，態度，習慣，鑑賞など。

以上に示された学力を測定するために標準化されたのが標準学力検査であるが，有効であるために，現在広く活用されている。さらに適切に活用し，教育の発展，学力の向上に役立てるよう，代表的な検査を説明しておく。

4 目標基準準拠の標準学力検査（CRT）

目標基準（目標の実現状況を表す尺度）に拠って解釈する標準学力検査で，CRT（Criterion Referenced Test）ともいう。下位検査は観点別に測定できるように構成されている。

(1) 実施上の留意点
① 学習した内容・目標について実現状況を測定するので，事前に，未習のために削除する問題があれば，児童生徒に削除して解答するように指示する。
② すべてを解答させて，正答する力があるかどうかを確かめるべきなので，時間は終わるまでである。しかし，現実には無理なので，ゆったりとできる時間を設定してある。

(2) 採点・処理

観点ごとの得点は，未習の問題が削除してあれば，そのままは使えないので，全部が既習であった場合に想定される修正得点を，次の式で算出して用いる。

$$得点 \times \frac{満点}{実施満点} = 修正得点$$

(3) 観点の評定

各観点の得点（修正得点）を，あらかじめ設定してある評定基準に従って，「A十分満足」「Bおおむね満足」「C努力を要する」と評定する。

具体的には，次に示しているように，CRTプロフィールに得点，修正得点を記入し，プロフィールの修正得点の目盛に○を付ければ，実現状況の評定ができるようになっている。

(4) 全体の評定（総合評定）

各観点の得点を総括して行う。具体的には，プロフィールの修正得点の目盛に○を付けると，その修正得点の下に各観点の指数が示されており，それを合計して観点数で割って，指定欄に平均を記入すれば，評定が行えるようになっている（図の「評定」参照）。

観点	得点	×	満点/実施満点	修正得点	実現状況
① 算数への関心・意欲・態度	12	×	15/(15)	12	
② 数学的な考え方 ▲	9	×	18/(17)	10	
③ 数量や図形についての技能 ◆	15	×	21/(19)	17	
④ 数量や図形についての知識・理解 ●	9	×	15/(14)	10	

評定	指数の平均値				
関心・意欲・態度の観点を含む場合	144	指数平均	～99	100～140	141～
		評定	1	2	③
関心・意欲・態度の観点を含まない場合	138	指数平均	～99	100～141	142～
		評定	1	②	3

図　プロフィール記入例（『小学校CRT 4年算数・手引』より）

(5) 結果の活用
① 学級・学年への活用
 ① 各観点のA，B，Cの出現率を相互に比較すると，育成できている観点と育成できていない観点が分かる。育成できていない観点の指導の仕方を改善・強化する。

 ② 全国の出現率と比較すると，優れているか，指導の改善，強化が必要かが分かる。このとき，特に注目してほしいのは，Cの出現率である。教育の理想は，Cの出現率0％だからである。

 ③ 全国の出現率と比較すると，全国の視点からはどの観点が優れているか，指導の改善が必要かが分かる。

 ④ 小問ごとに全国の通過率を示してあり，比較考察すると，指導を強化すべき内容が具体的に分かる。

② 個人への活用
 ① 個人票のプロフィールにより，各観点の実現状況が，評定段階で分かる。補習をしたり，今後の指導の仕方を考える参考になる。

 ② 自作で行った観点の評定，総合評定と比べると，その確かさが点検でき，正すことができる。

 ③ 指導要録へは，「総合所見及び指導上参考となる諸事項」の欄に記入する。

 ④ 学年末に実施すると，その年度の教育を適正に評価でき，さらに，次の学年の学級編成を行う貴重な資料となる。

 ⑤ 小問の反応分析など詳細な資料が，診断と指導に大いに役立つ。

5 集団基準準拠の標準学力検査（NRT）

　集団基準（集団における相対的位置を表す尺度）に拠って解釈する標準学力検査で，NRT（Norm Referenced Test）ともいう。下位検査は領域別に測定できるように構成されている。

(1) 実施上の留意点
　① 各部（領域）には，時間の制限がある。各部をまんべんなく解答させないとプロフィールの尺度が使えないからである。
　② 実施時期によっては未習の問題もあるが，解けるものは解かせてよい。そのことも含めて，実施時期ごとに解釈できる尺度を備えている。

(2) 採点・処理
　コンピュータで採点・処理できるが，手採点の場合は，手引に示してある採点基準に従って行う。

(3) 結果の表示
　検査の結果は，全体（合計得点）については，学力偏差値と評定段階で表示される。領域については，大領域別（各部別得点）の正答率と評定段階がプロフィールで表示される。

① 学力偏差値

　知能検査のところで説明した知能偏差値と同じ式で，標準学力検査で得た数値を入れて算出する（P135参照）。
　平均と同点であれば50になり，50より上だと全国平均より高い学力水準で，50より低いと全国平均より低い学力水準であることになる。

② 評定段階

　5段階か3段階の評定段階により概観的に見ることができる。評定段階は，検査結果が全国母集団で正規分布することを前提として，標準偏差で区切ったもので，学力偏差値との関係，理論的出現率は，図に示す

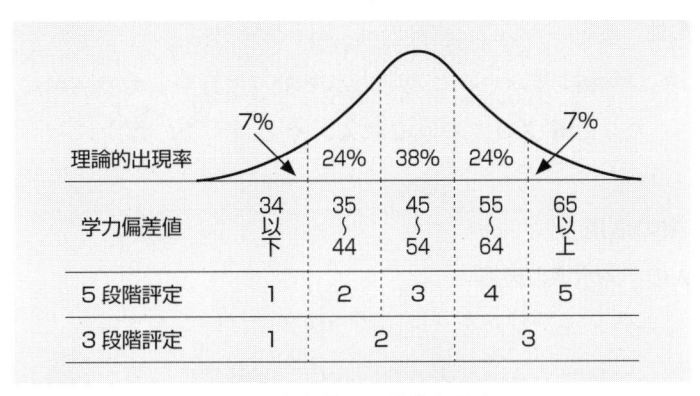

理論的出現率	7%	24%	38%	24%	7%
学力偏差値	34以下	35～44	45～54	55～64	65以上
5段階評定	1	2	3	4	5
3段階評定	1		2		3

図　評定段階と理論的出現率

とおりである。

③　プロフィール

個人プロフィールと学級・学年プロフィールとがある。

個人プロフィールでは，大領域別（各部別）の学力水準は，例に示すように，正答率と評定段階で表示されている。また，学級，学年プロフィールでは，大領域別（各部別）の学力水準は，5段階分布出現率，正答率，とその全国比（全国を100として）と棒グラフで表示される。

		偏差値	5段階	3段階	教科成就値	総合正答率
	全国基準	53	3	2	0	55
	学年基準	54	3	2		
	順位	学級（　15　）		学年（　48　）		
算数	大領域				正答率	5段階
	1　数と計算				88	
	2　量と測定				80	
	3　図　　形				63	
	4　数量関係				29	
	よかったところ	数と計算				
	指導の重点	数量関係				

図　教師用個人プロフィール例

④ その他

中領域(単元に近い)ごとの学力水準が,正答率とその全国比(全国を100とした)と棒グラフで示される。そして,このほかにも小問分析表が作られる。

(4) 結果の活用

① 個人の学力水準の理解

学力偏差値と評定段階を,理論的な関係図に照らして解釈,理解する。ただし,ペーパーテストによる測定なので,日常の観察から得た資料などと合わせて理解すると,理解の精度が高くなる。

② 学級・学年の学力水準の理解

学力偏差値の平均とその評定段階,分布によって理解する。平均が50であれば評定段階は3で全国平均並みである。

③ 個人の学力診断

個人プロフィールを活用する。先に示した例によると,「数と計算」「量と測定」は全国平均より大変優れているが,「数量関係」は下回っている。今後,「数量関係」の指導を強化する必要がある。

④ 学級の学力診断

大領域プロフィールと中領域プロフィールで診断する。

大領域プロフィールでは,「全国平均並みの部は,一応の成果を上げている。全国平均をやや下回る部(大領域)は,教育の反省と改善が必要である。全国平均をやや上回っている部は,有効な教育が行われているので,このまま続けてよい」と診断できる。

次ページの図のような,中領域プロフィールでは,全国平均を上回った大領域の中でも,特に上回った中領域,得意とする中領域(長所)が分かる。また,下回った大領域の中でも,特に低い中領域,教育をし直す必要のある中領域(教育の重点目標)が分かる。

ⓒ 中領域別集計							
大領域	中領域	内　　容	正答率	全国正答率	全国比(全国=100)	全国正答率との比較 低い← →高い
1	1	整数についての見方	38.1	47.7	80	
1	2	整数と小数のしくみ	67.9	77.5	88	
1	3	小数のかけ算とわり算	60.0	58.7	102	
1	4	分数と，そのたし算，ひき算	64.3	68.8	93	
1	5	がい数	40.0	44.0	91	
2	6	面積	42.1	40.7	103	
3	7	いろいろな図形，平行，垂直	51.8	55.4	94	
4	8	計算のきまり	15.7	27.0	58	
4	9	百分率	53.3	49.0	108	
4	10	円グラフ，帯グラフ	54.3	58.3	93	
4	11	2つの量の関係の見方や調べ方	48.2	47.1	102	

「中領域」とは，指導要領の「内容」を参考に，各部を単元に近い領域に分類したものです。

図　学級の学力診断プロフィール例

⑤　**小問分析表の活用**

①　個人については，低い領域における小問の一つ一つの正誤をていねいに見ていけば，低くなった具体的な原因が明らかになる。そういう誤りをさせていた教育を改善して行うことになる。

②　学級については，縦に見ていけばよい。学級全体でのつまずきがどこにあるか，どんなつまずきが多いかが，具体的に把握でき，教育の改善に役立つ。

⑥　**教科間の学力比較**

どの教科が低いか，どの教科の教育を強化すべきかが分かる。偏差値は，教科間の比較を正確に行える精度の高い尺度である。

6 知能検査と標準学力検査のテスト・バッテリー

テスト・バッテリーとは，「個人差に応じた学習指導，進路指導といった目的のために，標準検査をいくつか組み合わせて活用する」が，こ

の標準検査の組み合わせのことである。現在，教育現場で，最も活用されているテスト・バッテリーの一つが，知能検査と標準学力検査のテスト・バッテリーである（章末「小事典」参照）。

教育相談の草創期の主要なテーマは，「学業不振児の発見・診断・指導」であった。その相談に，相談員以外に，学習指導を得意とする教科担任が参加し，学業不振の解消という成果を着実に上げていった。そして，参加した教科担任で，熱心な教師たちが，この方法は通常の学級で，個人差に応じた学習指導に使えると実践し，成果を上げて，しだいに多くの学校で広く行われるようになり，現在に至っている。

その手順は次のとおりである。

(1) 学業不振児の発見

① 成就指数（AQ：Accomplishment Quotient）

知能（学習可能性）と学力（学習の成果，現実）の比較は，知能検査の結果表示に，知能指数が主流であったときは，標準学力検査（NRT）でも，それに準ずる教育指数（EQ）を算出し，次の式で成就指数（AQ）を求めて，行っていた。

$$成就指数(AQ) = \frac{教育指数(EQ)}{知能指数(IQ)} \times 100$$

AQ≒100であれば，知能相応の学力（Balanced achiever）
AQ＞100は，知能相応以上の学力（Over achiever）
AQ＜100は，知能相応以下の学力（Under achiever：学業不振）

② 成就値（AS：Accomplishment score）

知能検査の結果表示は，知能偏差値が主流となり，知能偏差値と学力偏差値の差を算出した成就値で行うようになった。

成就値(AS) ＝ 学力偏差値(ASS) － 知能偏差値(ISS)

研究と実践を重ねていって，この式では不合理な面があることが分かり，現在では，次のように修正して用いられている。

> 新成就値＝学力偏差値－知能から期待される学力偏差値
>   新成就値≧＋8であれば，知能相応以上の学力
>   ＋7≧新成就値≧－7であれば，知能相応の学力
>   －8≧新成就値であれば，知能相応以下の学力，学業不振

いわゆる学業不振児の発見である。

(2) 学業不振の診断・指導

当初は，治療，指導を行う者（相談員）が，自分の知見で行ったり，相談グループの事例研究会で話し合い，診断し，指導計画を立てて行っていた。現在では，学習法や学校への適応性等を測定する標準検査が作成され，用いられている。

代表的な標準検査が，AAI（教研式学習適応性検査）で，下図に示したような学力向上要因の状態が評定値等で示され，阻害している不振の要因を診断でき，それを除去し回復するための手だてを計画し，行うことができる。学業不振の診断・指導である。通常の学級では，各児童生徒の学力向上要因を診断し，指導による学力向上が果たされている。

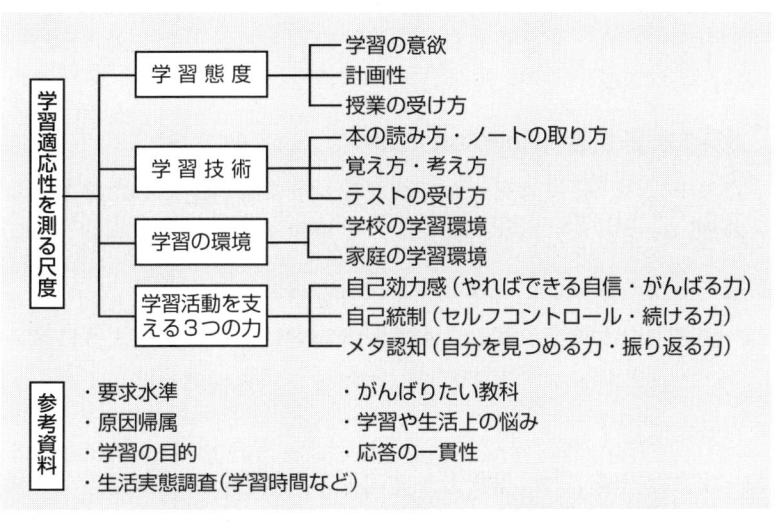

```
                    ┌─学習の意欲
        ┌─学習態度─┼─計画性
        │          └─授業の受け方
        │          ┌─本の読み方・ノートの取り方
学       ├─学習技術─┼─覚え方・考え方
習       │          └─テストの受け方
適       │          ┌─学校の学習環境
応 ──────┼─学習の環境┤
性       │          └─家庭の学習環境
を       │          ┌─自己効力感（やればできる自信・がんばる力）
測       └─学習活動を┼─自己統制（セルフコントロール・続ける力）
る         支える3つ └─メタ認知（自分を見つめる力・振り返る力）
尺         の力
度

参考資料
・要求水準        ・がんばりたい教科
・原因帰属        ・学習や生活上の悩み
・学習の目的      ・応答の一貫性
・生活実態調査（学習時間など）
```

図　AAIの構成（『学習意欲を高める12の方法』辰野千壽，より）

(3) 指導成果の確認

不振の要因を除去する指導と不足している学力自体の指導を強化することによって，学力は，知能相応，あるいは知能相応以上に向上し，不振児ではなくなる。その成果は，再度，知能検査と標準学力検査(NRT)を実施して，新成就値を求め，－でなくなり，０付近，あるいは＋になったことによって確認される。

7 その他の標準学力検査等

(1) 新入生学力検査

中学用と高校用がある。新入生を迎え，学級編成，事前の補習，教科教育の方針決定の資料を得るための検査である。

① 中学用は，小学校の国語，社会，算数，理科の４教科で，結果は，学力偏差値，評定段階（５段階と10段階），学力診断プロフィール（領域別）で表示され，各教科の得点の合計，学力偏差値の合計を算出し，「教科総合」とする。高校用は，中学校の国語，社会，数学，理科，英語の５教科で，学力偏差値で表示される。

② 小学校教育と中学校教育，中学校教育と高校教育を滑らかにつなぐ検査である。

(2) 読書力診断検査（Reading Test）

学力の中には，特に力を入れて教育を行うために，それだけを取り出して詳細な測定をしたい能力がある。読書力が，その一つであり，それを測定するために標準化されたのが読書力診断検査である。

① 読書力の水準を理解し，水準が低い者には，分かるように言い換える支援をしたり，水準が高い集団は，一斉指導を多くするなど，教育に活用する。

② 読書力（読字力，語彙力，文法力，読解力）の診断は，下位検査の評定段階で行う。長所はそれを活かした授業を進め，弱点は強化

策を考えて教育を行う。

③ 読書についてのアンケートで，支援の必要な者とその内容や悩みが理解できる。早速，支援の手を差しのべることである。

(3) 自己向上支援検査（SET, Self Enhancement-support Test）

学力向上を目指すとき，学力自体を直接向上させる対策と，学力にかかわる諸要因を向上させて学力を間接的に向上させる対策とがある。その諸要因の状態を明らかにし，その向上策を考えるために標準化された検査である。

① これからの社会で生きるために必要として提唱された自己教育力を具体化，詳細化し，学習領域（課題関与意欲，他律的意欲，学習の仕方，自己向上意欲，学習効力感），社会生活領域（集中力・忍耐力，社会的スキル，自立体験，情緒安定性，社会的効力感）で構成されている。

② 結果は，各特性，各領域・総合について，個人は，5段階評定，指数，プロフィール，集団は，得点と評定の分布，小問ごとの反応率で表示。水準，長所，改善すべき点が明らかになり，対応策を決定，行うことができる。

小事典

■Tスコア（T score）

偏差値の別称である。アメリカの考案者マッコールが，偏差値を発表したとき，「これを，偉大な先輩，Thorndike, E. L.（教育測定運動の父），Thurstone, L. L.（知能の多因子説の提唱者），Terman, L. M.（世界的に有名なスタンフォード・ビネーの作成者）に捧げ，三人の頭文字をとって，特にTスコアと名付ける。」と言ったのが由来である。"

この話には，後日談がある。田中ビネーの作成者，田中寛一の話であるが，

ターマンが来日したとき,「弟子の丸山良二が, 優秀な尺度を考えてくれた」と偏差値を示したら,「弟子のマッコールが同じものを考えてくれた。そして, ソーンダイク, サーストン, と私の三人の頭文字をとってTスコアと名付けてくれた。君も田中で, 頭文字はTだから入ったらどうか。」と言われたということである。

なお, 偏差値が, 入試の時期にマスコミで話題になるとき, 精度の高い尺度なので, 模試で希望大学への合否を予測するときに有効だということで用いた者を, 創案者としてよく紹介している。創案者ではなく, 利用者である。さらに, 入試には不合格の悲しみがつきまとう。その入試や模試に, 優秀な鋭い尺度ゆえに利用され, 悲しみをもたらす元凶とぬれ衣を着せられて, 非難をあびている。偏差値の罪ではない。

■テスト・バッテリー

ある目的を達成するために用いられるテストの組み合わせのことである。

① 学業不振児の発見, 診断, 指導——知能検査, 学力検査, 学習適応性検査

② 学習相談——知能検査（知能水準の確認）, 学力検査（教科間や観点間のばらつきの確認）, AAI（学習障害要因の発見, 診断, 指導）。

③ 就学時健康診断——集団知能検査（知的遅れの疑いのある者の発見）と個別知能検査（その水準の精密な測定）, 社会成就度検査

④ 生徒指導, 問題行動——性格検査や社会性検査（問題のある子・問題の所在の発見）, 適応性検査（原因の診断と指導の手がかり）。

⑤ 進路指導——進学では, 学力検査（合格の可能性の診断）と知能検査（進学後の成果の予測）。就職では, 職業適性検査と興味検査, 志望検査。

以上のテスト・バッテリーのほかに, 生徒指導検査, 進路指導検査, 就学時知能検査など, 一冊のテストがテスト・バッテリーとして構成されているものもある。

第12章 測定技術4
性格検査・適性検査・スポーツテスト

◆性格・行動，道徳性，社会性，適性，体力・運動能力など，それぞれ，主だった検査の内容構成，結果の表示と活用など，利用に資する基礎知識を述べる。

1 性格検査

　性格は，行動の一般的傾向性といわれている。例えば，「お金を拾ったら交番に届ける」というのは行動である。これを繰り返すと，「拾ったら交番に届ける傾向がある」ということになり，この行動の傾向性（性格）を名付けて正直（性格特性）という。その性格を測定するために標準化された心理検査を，性格検査という。ただし，性格特性を測定するものを狭い意味の性格検査といい，関係の深い心理検査，適応性検査，道徳性検査，社会性検査，行動検査なども含めて，広い意味の性格検査という。性格検査は，作問様式によって，質問紙法による検査，作業による検査，投影法による検査に分類することができる。

2 質問紙法による検査

(1) 性格検査

　性格は，行動の一般的傾向であり，自主性，思いやり，神経質などは，性格の最小単位で，性格特性という。この性格特性ごとに，その程度を測定するために標準化された検査である。

① 検査の構成

　測定する性格特性を決定し，各性格特性について検査を作成して，それを下位検査として構成する。そして，下位検査の検査項目は，次の例のように作成される。

例：神経質　ささいなことでも気にするほうですか。
　　ア　とても気にする　　イ　いくらか気にする　　ウ　気にしない
① 例に示したように，各特性にかかわる行動の状態についての質問を多くして，回答させ，特性の状態を明らかにする。
② 特定の特性や領域にしぼって測定する向性検査，欲求検査，態度検査，興味検査，不安検査などもあるが，代表的なものとしては，MMPI（ミネソタ多面的人格目録）がある（章末「小事典」参照）。
③ 回答者が他の児童生徒という方法もある。例えば「このクラスで，ささいなことを気にする人はだれでしょう」と記名をさせる方法で，ゲス・フー・テストという。

② **結果の表示・活用**
① 結果は，診断プロフィールで，特性ごとの状態が表示される。問題があれば，個別に相談の形で，改善策を話し合うことである。
② 指導要録の「行動の記録」の項目は，多くが性格特性で，それらの状態を測定するための検査もある。「行動」の評定の参考になる。なお，活用にあたっては，他人にはもらさない，問題児などとレッテルを貼らないなどに留意する。

(2) **適応性検査**
① **適応性**
　環境との心理的関係のことである。例えば，学校が大好きで，毎日喜び勇んで登校するのは，学校との心理的関係がとてもよい。これを，学校によく適応しているという。逆の場合は不適応という。
② **結果の表示・活用**
　結果は，学校，学級，家庭，教師，友人，親等の物的，人的環境との関係について，5段階評定と診断プロフィールで表示される。また，適応性全体については，偏差値と5段階評定で表示される。
① 不適応が極端なところがあれば，早い機会に教育相談をすること

である。検査での表明は，相談したいとの意思表明でもある。
② 先に示したAAI（学習適応性検査）は，学習環境にしぼって適応状態を測定したものである。また，特に大切な部分を測定しているのが，親子関係診断検査，家庭環境診断検査などである。

(3) 道徳性検査
① 道徳性
行動の一般的傾向を客観的に見たのが性格で，善悪の価値（社会規範）から見たのが道徳性といわれている。

② 検査の構成
学習指導要領に準拠して構成されるので，次に示す4つの視点に基づいて，構成されることが多い。

表　学習指導要領の4つの視点に基づいた検査の構成

視点1	主として自分自身に関すること	自己の在り方を自分自身とのかかわりにおいてとらえ，望ましい自己の形成を図ることに関するもの
視点2	主として他人とのかかわりに関すること	自己を他の人とのかかわりの中でとらえ，望ましい人間関係の育成を図ることに関するもの
視点3	主として自然や崇高なものとのかかわりに関すること	自己を自然や美しいもの，崇高なものとのかかわりにおいてとらえ，人間としての自覚を深めることに関するもの
視点4	主として集団や社会とのかかわりに関すること	自己を様々な社会集団や郷土，国家，国際社会とのかかわりの中でとらえ，国際社会に生きる日本人としての自覚に立ち，平和的で文化的な社会及び国家の成員として必要な道徳性の育成を図ることに関するもの

③ 検査項目
学習指導要領を参考に，児童生徒の発達段階を考慮して作成される（次ページ表参照）。また，次に示すように（選択肢は省略），検査項目では，すべて道徳的心情と道徳的判断力の両面を問うことになる。

表　小学校・中学校別検査項目一覧
（「HUMAN Ⅲ 診断資料の見方・生かし方」より）

	小学校1・2年			中学校	
視点1	1（1）	生活習慣（整理）		1（1）	節度
	1（2）	勤勉努力		1（2）	強い意志
	1（3）	勇気		1（3）	自主自律
	1（4）	明朗誠実		1（4）	理想の実現
				1（5）	向上心
				1（5）	個性伸長
視点2	2（1）	礼儀		2（1）	礼儀
	2（2）	親切		2（2）	思いやり
	2（3）	友情		2（3）	信頼・友情
	2（4）	感謝		2（4）	健全な異性観
				2（5）	寛容・謙虚
				2（6）	感謝
視点3	3（1）	生命尊重		3（1）	生命尊重
	3（2）	自然動物愛護		3（2）	自然愛
	3（3）	敬けん		3（2）	畏敬の念
				3（3）	人間の強さ弱さ
視点4	4（1）	公徳心・規則尊重		4（1）	規則尊重
	4（2）	勤労		4（2）	公徳心
	4（3）	家庭愛		4（3）	正義・公正公平
	4（4）	愛校心		4（4）	集団生活の向上
	4（5）	郷土愛		4（5）	勤労・奉仕
				4（6）	家庭愛
				4（2）	愛校心
				4（3）	郷土愛
				4（4）	伝統と文化の継承
				4（5）	国際理解人類愛

> 　明君は，家の人におねがいして，小鳥を2わ買ってもらいました。明君は，大切に育てようと思いました。ある朝，明君が小鳥のようすを見に行くと，1わ死んでいました。
> **問1**　そのとき，明君は，どんな気持だったでしょうか。ア～エから選択しなさい。**(道徳的心情)**
> **問2**　明君は，かごの中から死んだ小鳥を取り出し，庭にうめました。この時，明君はどんなことを考えたでしょうか。ア～エから選択しなさい。**(道徳的判断力)**

① 「道徳的心情」とは，望ましい行いをすると喜びを感じ，望ましくない行いをすると嫌悪を感じる心情で，道徳的情操ともいう。これによって，よい行いを促進し，よくない行いを抑制する（章末「小事典」参照）。

② 「道徳的判断力」は，善悪を判断し，時と場に応じて望ましい考え方や行動を選択する力である。

③ 質問紙法の短所は，正直に回答しないおそれがあることである。特に，道徳性の場合は，「ある姿」を問うているのに，「あるべき姿」を回答する可能性がある。正直に回答しているかをチェックするのが，信頼度尺度の役割であるが，検査項目にはそのためのものが加えてある。

③ 結果の表示と活用

［個人について］

　検査項目ごとに，道徳的心情と道徳的判断力について，選択肢が，望ましさに従ってⅠ，Ⅱ，Ⅲ，Ⅳに分類され，どの望ましさを選んだかが分かるように表示される。

　どこに気をつけて道徳的教育を行うべきか，一人一人についての重点目標が，大変具体的に分かる。

［集団について］

「検査全体の選択肢の望ましさⅠ，Ⅱ，Ⅲ，Ⅳを選んだ比率」「道徳的心情と道徳的判断力の全体で選んだ比率」「4つの下位テストごとにその全体と道徳的心情と道徳的判断力で選んだ比率」「検査項目ごとに選んだ比率」「児童生徒の回答状況の一覧表」で，結果が示される。

これによって，集団の道徳性における長所，改善すべき点が明確になって，現在，道徳教育に決定的に欠けている評価（値ぶみ，点検，反省）と改善を適正に行うことができる。

(4) 社会性検査
① 社会性

社会性とは，他とのかかわり，あるいは集団の中での，行動の傾向性のことである。

② 社会能力検査

社会性の発達状況を測定するために標準化された検査である。

ドルは，身辺の自立，作業能力，移動能力，意思交換能力，集団生活参加能力，自己指南力で，社会成熟度テストを構成している。結果は，社会年齢，社会成熟度指数で表示される。社会能力検査ともいわれる。

③ ソシオメトリー・社会的測定法

モレノの創案で，「ソシオメトリック・テスト」で，「勉強や遊びのとき，だれとしたいか，だれとしたくないか」を，同じクラスの者について記名させる。一緒にしたい者を「選択」，したくない者を「排斥」，どちらにも記名されない者を「無関心」と分類する。この個人間の関係を図に表したのが「ソシオグラム」で，表に整理したのが「ソシオマトリックス」である。

これらによって，集団の構造や，個人の集団内での地位，状態（周辺児，孤立児，排斥児など）を明らかにする。教科教育や特別活動等で，小集団を編成するのに大変貴重な資料となる。また，教育相談で対人関

係を調整する必要のある児童生徒が明らかになるとともに，相談によって改善された状態も，次の実施で確認することができる。

記名させるのは問題と実施されなくなったが，日常の観察からソシオグラムやマトリックスを作成して行いたい優れた技術である。

(5) **学級集団アセスメントQ-U（Questionnaire Utilities）**

河村茂雄が開発した，学校生活における児童生徒個々の意欲や満足感，および学級集団の状態を質問紙によって測定する検査である。

Q-Uには，学校生活意欲尺度と学級満足度尺度があるが，それにソーシャルスキル尺度を加えて精度を増したのが，hyper-QUである。

① 構　成

図に示すように，学校生活意欲を測定するためには，小学校1～3年用，4～6年用は，3下位検査，中学校用は，5下位検査で構成し，学級満足度については，2下位検査で，ソーシャルスキルについては，2下位検査で構成されている。

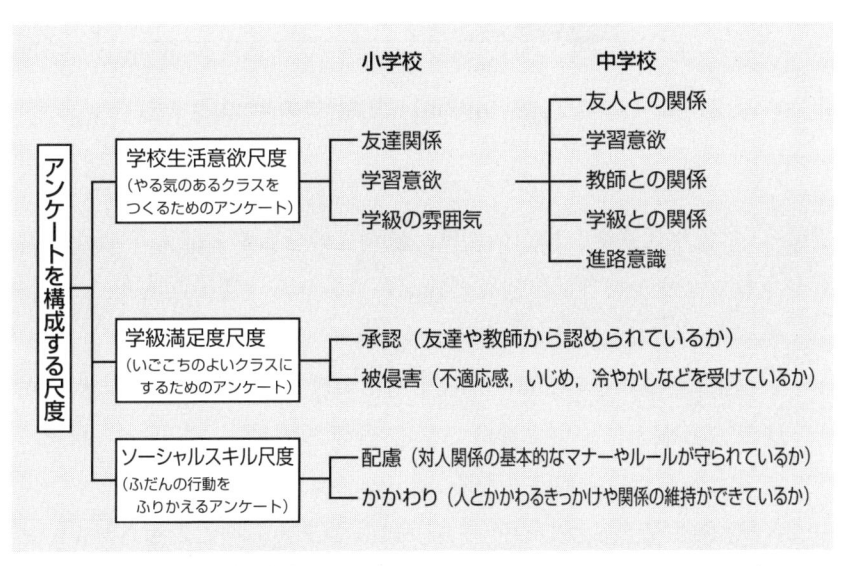

図 hyper-QUの構成（「コンピュータ診断資料の見方・生かし方」より）

② 結果の表示と活用
　① 「学級満足度」の下位検査承認の得点を縦軸に，被侵害の得点を横軸にして，各児童生徒を位置づけ，どの群に属するかを明らかにする。各児童生徒の状況だけでなく，クラス全体の状況を把握でき，クラスへの働きかけや，いじめ，不登校への早期対応ができる。

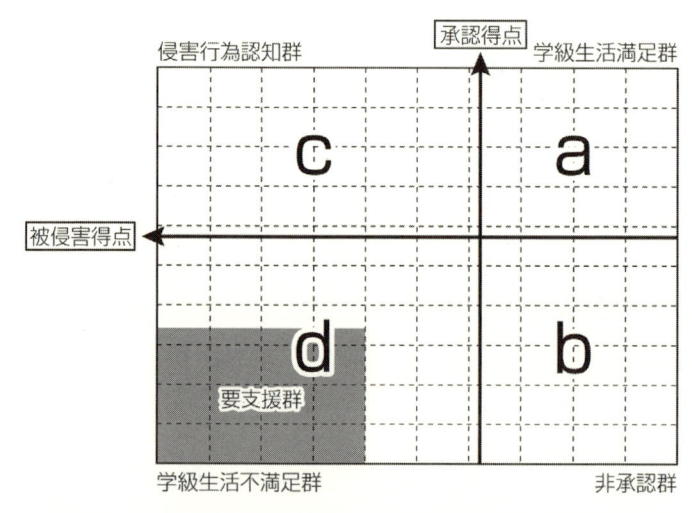

図　Q-Uプロット図（小学用）[児童生徒の4つのタイプ]
（『Q-U実施・解釈ハンドブック』河村茂雄，より）

　② 「学校生活意欲」については，総合点の分布が名前入りで示され，プロフィールで各下位検査の状況が示される。各下位検査について，低，中，高の3段階で，名簿の番号入りで分布が示される。
　「総合点の分布」では，学校生活における意欲や適応度の状況が，クラスと個人について理解できる。「学級満足度の状況」と併せて見ると理解はさらに深くなる。
　「学級生活意欲プロフィール」は，クラス平均で表示されているので，全国平均と比較して，クラスの状況を把握できる。

さらに、「各下位検査の得点分布」で、より具体的な状況が明らかになり、クラスや個人への働きかけに、具体的で貴重な手がかりとなる。
③ 「ソーシャルスキル」については、「配慮」「かかわり」のそれぞれについて、全国平均を100とし、グラフで表示されている。また、それぞれ3段階に評定を行い、2つの評定で座標を作り、各児童生徒を位置づけている。

　これらによって、クラスでの教育の重点や働きかけ方、特に働きかけたい児童生徒と働きかけ方を考えることができる。その際には、各問への回答一覧は、貴重な資料である。
④ 「個別の働きかけ」が大切になるので、そのためには、「個人票」が用意されている。それには、学級満足度で所属する群、学校生活意欲プロフィール、ソーシャルスキルの習得の程度などが示されている。個別な対応を必ず行うことである。
⑤ なお、状況が改善すると学力が向上することが、研究、調査で明らかになっている。知能、学力、その成就値などとの関係も、併せて用いる学校もあるので、それらの関係も結果として表示されるようになっている。

3 作業による検査【内田・クレペリン精神作業検査】

　作業検査法（performance test）による性格検査である。この種の性格検査で代表的なものというより、唯一といっていいものが、内田・クレペリン精神作業検査である。これは、クレペリンが行った精神作業についての研究をもとに、内田勇三郎が創案した検査である。加算といった精神作業を行わせるので、被検査者は、性格を測定されていることに気づかない。検査者の意図を意識しないで、検査を受けさせるという特長がある。

① 構成と作業

 1位数を横に並べておき，1分間加算をしては，次の行へ移る。加算の答えが2ケタになったら，1位数だけを書く。15分（行）連続加算を行ったら，5分間休憩を行い，また15分連続加算作業を行う。実施は，厳密な時間制限なので，必ずストップウォッチを使用する。手作業なので，直前に鉄棒など手を使う運動や作業は控える。また，珠算の級によっては暗算が早くて次の行まで進む者がいる。あらかじめ用紙をもう一枚渡しておく。

② 結果の表示と活用

　① 図に示したように，各行の作業量（飛ばしたものは差し引く）で，作業曲線を描いて，その型から診断，解釈をする。

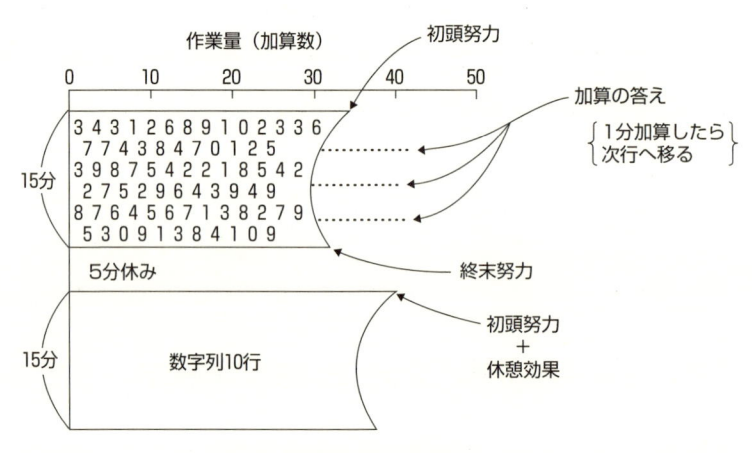

図　内田・クレペリン精神作業検査の定型曲線（次郎丸・海保，1986を修正）

　② 精神的に健康な者は，図のように最初の作業量が多い（初頭努力）。だんだん作業量が減ってくる（疲労）。そして終わり間近にまた増えてくる（終末努力）。後半の最初は，前半の最初より作業量が増える（休憩効果，初頭努力），だんだん減って（疲労），最後にまた少し増えて終わる（終末努力）。このような曲線型を，健康者

常態曲線，定型という。そして，定型には誤答が少ない，作業量が極端に少なくないなどの特徴がある。
③　この定型曲線から隔たっている程度や作業量，誤答などの状態を考慮して，準定型，準々定型，中間疑問型，劣等型，異常型などと判定される。

これによって，精神作業における仕事ぶり，精神活動の健康・不健康を診断でき，作業を伴う教育活動を行う際の参考になる。

4 投影法による検査

(1) 投 影 法

あいまいな材料に対して，各自がどう受け止め，どう反応するかを分析して，性格を深く把握する検査である。ロール・シャッハ・テスト，TAT（主題統覚テスト），CAT（TATの児童版），PFスタディ（欲求不満テスト），SCT（文章完成テスト），CPT（色彩ピラミッドテスト）などがあるが，代表的なのは，ロール・シャッハ・テスト，TATである。

(2) 投　　影

投影法（projective technique）といわれるのは，精神分析の適応機制の投影（投射）と仕組みが似ていることからである。投影とは，自分がもっている願望や感情などを，他人のせいにしたり，他人を媒介にして表明したりする機制である。例えば，「AはBが好きみたい」というが，実は「自分がBを好きなこと」をいうのが，その例である。TATでは，あいまいな絵を媒介にし，「絵の説明をしている」と言いながら，「自分自身を語っている」。この仕組みが，投影と似ている。

(3) ロール・シャッハ・テスト（Rorschach Test）

スイスの精神科医ロール・シャッハによって創案された検査である。図に示したように，左右対称なインクの汚れのような刺激に意味を付けさせる。インク汚点テストともいう。

図　ロールシャッハのの図版（『教育評価法概説』橋本重治，より）

① 実施・記録

　1枚ずつ被検査者に見せて，「何に見えるか」，全体，部分について，思いつくままに自由に答えさせる。

　全体が何に見えたか，どの部分が何に見えたかを，すべて記録する。これは，なかなか大変な作業で，練習を積む必要がある。

② 解釈・診断

　記録を，手引に従って分析・分類し，基準によって解釈して，性格，欲求，コンプレックスなどを診断する。以上の説明で分かるように，熟練，精通した者にしか使いこなせない検査である。

(4) **TAT（Thematic Apperception Test，絵画統覚検査）**

　マレーによって考案されたもので，あいまいな絵を見せて，それを現在とし，過去から現在，未来にわたる物語を作らせる検査である。

① 実施・記録

　絵を1枚ずつ提示し，「どうしていると思うか」（現在）を聞き，答えを待って，「この前はどうしていて，こうなったのか」（過去）を聞き，そして「これからどうなると思うか」（未来）を聞いて記録する。

② 解釈・診断

回答（物語）を手引に従って分析し，本人の欲求，防衛機制，葛藤，コンプレックス，性格を診断する。これも，熟練，精通した者でないと使いこなせない検査である。

5 適 性 検 査

適性とは，進学後，就職後（将来）の学業や職業における実績を予測するための，現在の能力や特性の状態のことである。学業や職業にかかわりのある能力や特性の現在を測定し，将来の学業や職業の実績の可能性を予測するために標準化されたのが，適性検査である。

適性検査には，職業選択を目標とする職業適性検査と，学校選択を目標とする進学適性検査とがある。ただし，中学生，高校生には，進学者と就職者がおり，両方の資料が必要である。この現実に対応するために，両者について資料を収集し，提供できるように，両者を一冊にまとめた進路指導テストも作成されている。

(1) 職業適性検査

多くの職業にかかわりのある能力，特性を測定し，適した職業を選択するための一般職業適性検査と，事務的職業適性検査，機械的職業適性検査，運転士適性検査，教師適性検査といったような特殊適性検査とがある。なお，職業興味は，職業での成功・失敗を左右する重要なものなので，これを測定するために，職業興味検査も作成されている。

代表的なものは，厚生労働省編の職業適性検査である。その構成は次のとおりである。

① 認知系：知的能力，言語能力，数理能力，書記的知覚
② 知覚系：空間判断力，形態知覚，運動能力，指先の器用さ，手腕の器用さ

これらの測定結果を組み合わせて，職業（群）について適性の有無を

検討し，適職（群）を選択することになる。

(2) 進学適性検査

進学にあたって，進学後の学業の可能性を予測し，適切な進学先を選択するための検査である。わが国では昭和22年から8年間，大学入試で実施されて，大変有効であったが，現在は行われていない。

現在，使用できる検査はないが，知能検査は学習可能性を（創造性検査は研究の可能性を），測定しているので，進学適性検査ともいえる。進学指導は，進学後の学業（研究）の可能性を予測して行われているはずである。学力は過去の結果であって，これだけで将来を予測するのは万全ではない。やはり，将来の可能性を示す知能（創造性）を加えて予測し，その精度を高めるのが正しい進路指導であろう。

(3) 進路指導テスト【進路適性診断システム　学年別PASカード】

中学・高校の進路指導は，進学と就職について行われる。それに有効な適性検査は，両方に活用できる進学・職業適性検査でなければならない。そのように作成されているのが進路指導テストである。そして，進路指導は，入学から卒業に至るまでの長期にわたり，生徒が自らの生き方を考え，進路を選択していくことができるよう，学校の教育活動全体を通して，計画的，組織的に行うものである。

そのための活動は，次のとおりである。

① 生徒理解及び自己理解を深める活動
② 進路に関する情報を得させる活動
③ 進路相談の機会を与える活動
④ 就職，進学に関する指導，援助の活動
⑤ 啓発的経験を得させる活動

したがって，進路指導テストは，1学年から活用できるように，学年別に作成されていることが多い。

① 構　成

①　事前シート

　検査前に渡し，家族と話し合って，進学希望者は進学したい学科・コース・高校と将来就きたい職業分野を，そして，就職希望者と未定者は将来希望の職業分野を回答させる。検査前に希望進路などを考えさせ，検査へ動機づけたり，進路意識を高めたりするためである。

②　PASカードの編成

　次に示すように，進路情報と自己理解情報が，中学1年用では，下位調査，それぞれ2と6，中学2年用と3年用では，2と8で構成されている。これは，中学校での進路指導が，次のように進められるので，それに必要な資料を収集できる構成ということである。

・中学1年：学校適応・自己開発期　指導目標は，中学校生活への適

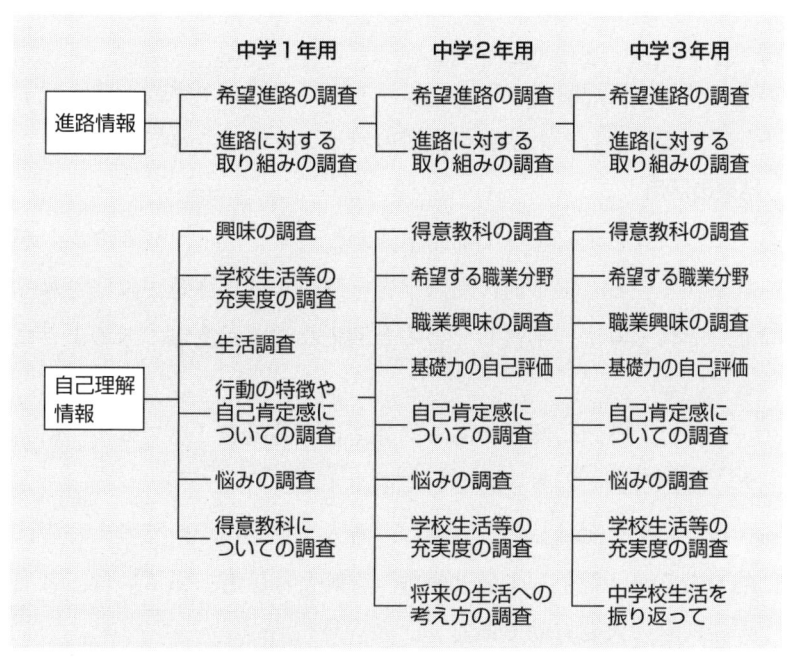

```
                    中学1年用              中学2年用              中学3年用

進路情報 ─┬─ 希望進路の調査      希望進路の調査      希望進路の調査
          └─ 進路に対する        進路に対する        進路に対する
             取り組みの調査      取り組みの調査      取り組みの調査

自己理解 ─┬─ 興味の調査          得意教科の調査      得意教科の調査
  情報    ├─ 学校生活等の        希望する職業分野    希望する職業分野
          │  充実度の調査
          ├─ 生活調査            職業興味の調査      職業興味の調査
          ├─ 行動の特徴や        基礎力の自己評価    基礎力の自己評価
          │  自己肯定感に
          │  ついての調査        自己肯定感に        自己肯定感に
          │                      ついての調査        ついての調査
          ├─ 悩みの調査          悩みの調査          悩みの調査
          └─ 得意教科に          学校生活等の        学校生活等の
             ついての調査        充実度の調査        充実度の調査
                                 将来の生活への      中学校生活を
                                 考え方の調査        振り返って
```

図　PASカードの編成（『学年別PASカード手引』図書文化，より）

応，自己理解への関心・進路への関心の高揚などである。
- 中学2年：生活充実・進路探索期　指導目標は，中学校生活の充実，自己理解の深化，進路の探索・吟味などである。
- 中学3年：生活結晶化と進路選択・決定期　指導目標は，中学校生活の結晶化，進路の選択・決定，将来の進路への適応などである。

② **結果の表示**

① 個人について

各調査項目ごとに，本人の状態自体，学年・学級全体と比べた本人の状態，学年・学級全体の状態などが理解できるように，表とグラフで表示されている。

② 集団について

- 各調査項目ごとに，出現率や傾向を集団自体として理解でき，さらに全国と比較して理解できるように，数値とグラフの集計表で示してある。
- より具体的に理解できるように，すべての回答が学級一覧表で示されている。そして，助言や支援のポイントが示されている。

③ **結果の活用**

① この検査結果によって進路学習が行えるノート「パスカル」が用意されている。学年別に進路学習で解決すべき課題が設定されており，それを解決，学習していくと適正な進路が決定できるようになっている。

② 生徒は，課題に関係のある調査項目の結果を「パスカル」に貼って，課題解決の参考資料として活用する。

③ 調査結果を記録した個人票は，各人が進路について考えるのに有効であるが，親子，生徒と教師，教師と保護者，あるいは三者面談の際にも，大変有効である。

④ 一覧表と集計表は，教師が，進路指導を反省し，改善してさらに

進める計画を立てる参考として貴重である。そして，進路相談が早急に必要な生徒との相談すべき内容も示されている。早速，相談をして解決，改善することである。

6 スポーツ・テスト

　学校での体育の目標は，たくましく生きるための健康と体力の育成である。そのためには，健康と体力の実状を把握し，よいところや問題のあるところを明らかにし，問題のあるところを育成，向上させて，全体を調和的に発達させるようにする必要がある。その実態を把握するために，標準化して，作成されているのがスポーツ・テストである。

① **構成，実施，記録**

　① 体格：身長，体重，座高。
　② 検査：視力（裸眼視力—右・左，矯正視力—右・左），むし歯（あり・なし・治療中）。
　③ 体力テスト：握力（右・左），上体起こし，長座体前屈，反復横とび，20mシャトルラン，50m走，立ち幅とび，ソフトボール投げ。
　④ アンケート：日常スポーツを行っているか，生活習慣は健康的か，スポーツへの関心，自分の体力など。

　以上は，小学校用で，中学・高校用では，体力テストに，持久走が加わり，ソフトボール投げが，ハンドボール投げに変わっている。そして，所属部活動を回答することになっている。

② **集計処理・結果の表示**

［個人について］

　① 体格：身長，体重，座高について，全国偏差値，棒グラフ，校内偏差値，対前年伸び率で表示され，参考資料として，校内平均，県平均，全国平均が示される。さらに，BMI（体格指数），標準体重，肥満度と視力のA〜D4段階の評定値が示される。

表　項目別得点表（小学校男子）

得点	握力	上体起こし	長座体前屈	反復横とび	20mシャトルラン	50m走	立ち幅とび	ソフトボール投げ
10	26kg〜	26回〜	49cm〜	50点〜	80回〜	〜8.0秒	192cm〜	40m〜
9	23〜25	23〜25	43〜48	46〜49	69〜79	8.1〜8.4	180〜191	35〜39
8	20〜22	20〜22	38〜42	42〜45	57〜68	8.5〜8.8	168〜179	30〜34
7	17〜19	18〜19	34〜37	38〜41	45〜56	8.9〜9.3	156〜167	24〜29
6	14〜16	15〜17	30〜33	34〜37	33〜44	9.4〜9.9	143〜155	18〜23
5	11〜13	12〜14	27〜29	30〜33	23〜32	10.0〜10.6	130〜142	13〜17
4	9〜10	9〜11	23〜26	26〜29	15〜22	10.7〜11.4	117〜129	10〜12
3	7〜8	6〜8	19〜22	22〜25	10〜14	11.5〜12.2	105〜116	7〜9
2	5〜6	3〜5	15〜18	18〜21	8〜9	12.3〜13.0	93〜104	5〜6
1	〜4kg	〜2回	〜14cm	〜17点	〜7回	13.1秒〜	〜92cm	〜4m

表　総合評定基準表（小学校）

段階	6歳	7歳	8歳	9歳	10歳	11歳
A	39以上	47以上	53以上	59以上	65以上	71以上
B	33〜38	41〜46	46〜52	52〜58	58〜64	63〜70
C	27〜32	34〜40	39〜45	45〜51	50〜57	55〜62
D	22〜26	27〜33	32〜38	38〜44	42〜49	46〜54
E	21以下	26以下	31以下	37以下	41以下	45以下

②　体力・運動能力：握力，上体起こし，長座体前屈，反復横とび，持久走（中学・高校のみ），20mシャトルラン，50m走，立ち幅とび，ボール投げについて，得点（項目別得点表に従って行う），全国偏差値，校内偏差値，対前年伸び率で表示され，参考に校内平均，県平均，全国平均が示される。そして，これらは，多角形のプロフィールでも表示されている。なお，総合について，総合評定基準表による評定が行われる。さらに，関連のある種目の結果を総合して「健康体力到達度」を，心肺・持久力，柔軟性，筋力・筋持久力，BMI，健康・体力をパーセントで表示する。また，スピード，敏捷性，巧緻性，柔軟性，筋力，筋持久力，筋パワー，全身持久力について，1〜5の5段階評定をする。

③　アンケート：各質問への回答が，具体的に表示されている。なお，関心・態度については，A～Cの3段階で評定されている。
④　体力を全体的に見た，言葉による評定（記述評定）と診断コメントと，体力向上のための練習メニューが示される。

[学級・学年について]
①　学級一覧表1：個人のところで示したものを，名簿順に表にしたものである。そして，それぞれについて，学級平均，学年平均，県平均，全国平均が示される。さらに，総合評定については，学級・学年の分布が示される。
②　学級一覧表2：総合得点の高い者から並べたもので，体力・運動能力についてのものである。そして，総合得点，体力・運動能力のそれぞれについて，記録値上位の者，5名の名前を書き出す。
③　学年集計表：体格，体力・運動能力，総合について，平均値，標準偏差，全国偏差値と，それぞれの全国平均，県平均との差と，それの有意差の有無が示される。そして，学年追跡ができるように，それぞれについて，前学年，前々学年のときの平均値，標準偏差が示される。また，年度間比較ができるように，各年度の同学年の平均値，標準偏差が示される。

　　学年追跡比較，年度間比較が，見やすいように，棒グラフで示すし，種目別，要素別，基礎運動能力について，全国平均との比較，前年との追跡比較ができるように，全国平均，学年平均，前年平均を多角形プロフィールで示す。

　　そして，総合評定の段階別人数と出現率が％で表示される。
④　アンケート集計表：各問の回答の分布が％で表示される。
⑤　その他：体力，運動能力の記録値の度数分布表。種目についての順位一覧表，総合評定の評定段階別一覧表，県別・調査報告用資料などがある。

③ 結果の活用

［個人について］

① 体格についての伸び率，BMI（体格指数），肥満度，アンケートへの回答，健康体力到達度などから，健康的で健全な成長をしているか，どこかに問題があるかを明らかにできる。問題点を克服する運動を強化し，健康的に改めた生活を送り，健全な成長を促進することができる。

② 体力・運動能力のそれぞれの偏差値，多角形プロフィール，基礎運動能力評定などから，能力のバランス，特に走，跳，投のバランスが診断でき，どの種目を強化して，バランスをとるかが明らかになり，指導や活動の改善に大変役に立つ。

③ 体力についての総合評定，要素別評定などで，体力に問題があるか，問題があるとすればどこかが診断できる。問題がある要素を育てる運動は明らかなので，その運動の強化を心がけることになる。

［学級・学年について］

① 体格，体力，運動能力について，学級，学年の実態が明らかになり，指導の重点，指導の仕方などを，反省し，改善するのに役立つ。

② 学級，学年を能力に応じて分けた集団で，指導の個別化，個性化を行う際に，集団編成の貴重な資料となる。特に，下位者の向上指導に役立つ。

③ 総合，要素別，基礎運動能力面から診断して，学級，学年のレベルアップ策を得ることができる。

④ 集計・診断，学年追跡比較，年度間比較が，指導計画をつくる参考になる。

［部活について］

何を強化したらレベルアップになるか，強化策が明らかになる。

小事典

■道徳的情操（moral sentiments）

感情は，乳児期は，興奮している，機嫌が悪そうといったように，未分化で全体的な状態である。

①情緒（情動）（emotion）

幼児期になると，欲求が満たされると快の感情を示し，満たされないと不快の感情を示すというように分化してくる。そして，快の感情は，喜び，得意，愛情などに，不快の感情は，怒り，恐れ，嫌悪，嫉妬などに分化していく。この時期のこれらの感情を情緒という。

情緒の特徴は，持続時間が短く，程度の強いところである。かんしゃくはその例であるが，怒りが強く表されたものである。

②気分（mood）

短く，激しかった情緒が，長くなり，穏やかになり，言葉で表現することが多くなった状態といわれる。例えば，跳び上がって喜んでいたのが，穏やかなほほ笑みで喜びを表すようになるとか，怒るとすぐ手を出していたのが，抑制して言葉で非難するようになるとか，である。

③情操（sentiment）

感情の中では，最も高級で，価値にからんだ感情である。真理にふれたときの無上の喜びは，学問的または知的情操。美にふれたときの感動は，美的または芸術的情操。人間の力を超えるものを恐れ，敬う感情は，宗教的情操という。そして，善悪にからんで，善い行いをしようとしたとき，したとき，する人を見たときに感ずる，心地よい感情を道徳的情操という。逆に，悪い行いをしようとしたとき，したとき，する人を見たときに感ずる嫌な気持ち，感情も，道徳的情操という。善い行いをしようとする力になり，悪い行いを止めようとする力になるもので，道徳教育が育成を目指しているものである。

なお，金を何よりとする経済的な価値感情，権力を何よりとする政治的な価値感情は，情操とはいわない。

■MMPI（Minnesota Multiphasic Personality Inventory）

ハザウェイとマッキンレイが臨床的診断のために，1943年に作成した質問紙法性格検査である。日本版はミネソタ多面的人格目録である。検査は，精神身体的自覚症状，行動傾向，習慣，興味，関心，社会的態度等に関する550の項目で構成されている。

尺度には，妥当性を示す尺度として，疑問尺度（?），虚構尺度（L），頻度尺度（F），修正尺度（K）があり，臨床尺度として，心気症尺度（Hs），抑うつ尺度（D），ヒステリー尺度（Hy），精神病質的偏倚尺度（Pd），男性性・女性性尺度（Mf），パラノイア尺度（Pa），精神衰弱（Pt），精神分裂症尺度（Sc），軽躁病尺度（Ma），社会的内向性尺度（Si）のほかに追加尺度もある。

代表的な検査であるだけに，新しく性格検査を作成するときには参考にされることが多い。

付録資料

学習評価及び指導要録の改善について（通知）　174

小学校及び特別支援学校小学部の指導要録
に記載する事項等　177

各学校における指導要録の保存，送付等に
当たっての配慮事項　184

小学校児童指導要録（参考様式）　185

22文科初第1号
平成22年5月11日

各都道府県教育委員会
各指定都市教育委員会
各都道府県知事　　　　　　　　殿
附属学校を置く各国立大学長
構造改革特別区域法第12条第1項の
　認定を受けた地方公共団体の長

文部科学省初等中等教育局長
金　森　越　哉

小学校，中学校，高等学校及び特別支援学校等における児童生徒の学習評価及び指導要録の改善等について（通知）

　このたび，中央教育審議会初等中等教育分科会教育課程部会において，「児童生徒の学習評価の在り方について（報告）」（平成22年3月24日）（以下「報告」という。）がとりまとめられました。
　「報告」においては，学習指導要領において示された基礎的・基本的な知識・技能，それらを活用して課題を解決するために必要な思考力・判断力・表現力等及び主体的に学習に取り組む態度の育成が確実に図られるよう，学習評価を通じて，学習指導の在り方を見直すことや個に応じた指導の充実を図ること，学校における教育活動を組織として改善すること等が重要とされています。また，保護者や児童生徒に対して，学習評価に関する仕組み等について事前に説明したり，評価結果の説明を充実したりするなどして学習評価に関する情報をより積極的に提供することも重要とされています。
　指導要録は，児童生徒の学籍並びに指導の過程及び結果の要約を記録し，その後の指導及び外部に対する証明等に役立たせるための原簿となるものであり，各学校で学習評価を計画的に進めていく上で重要な表簿です。
　文部科学省においては，「報告」を受け，各学校における学習評価が円滑に行われるとともに，各設置者による指導要録の様式の決定や各学校における指導要録の作成の参考となるよう，学習評価を行うに当たっての配慮事項，指導要録に記載する事項及び各学校における指導要録の作成に当たっての配慮事項等を別紙1～6のとおりとりまとめました。
　ついては，下記に示す学習評価を行うに当たっての配慮事項及び指導要録に記載する

事項の見直しの要点並びに別紙について十分に御了知の上，各都道府県教育委員会におかれては，所管の学校及び域内の市町村教育委員会に対し，各指定都市教育委員会におかれては，所管の学校に対し，各都道府県知事及び構造改革特別区域法第12条第1項の認定を受けた地方公共団体の長におかれては，所轄の学校及び学校法人等に対し，国立大学長におかれては，その管下の学校に対して，「報告」の趣旨も踏まえ，指導要録の様式が適切に設定され，新しい学習指導要領に対応した学習指導と学習評価が行われるよう，これらの十分な周知及び必要な指導等をお願いします。

さらに，幼稚園，特別支援学校幼稚部，保育所及び認定こども園（以下，「幼稚園等」という。）と小学校及び特別支援学校小学部との緊密な連携を図る観点から，幼稚園等においてもこの通知の趣旨の理解が図られるようお願いします。

なお，平成13年4月27日付け13文科初第193号「小学校児童指導要録，中学校生徒指導要録，高等学校生徒指導要録，中等教育学校生徒指導要録並びに盲学校，聾学校及び養護学校の小学部児童指導要録，中学部生徒指導要録及び高等部生徒指導要録の改善等について」及び平成20年12月25日付け20文科初第1081号「小学校学習指導要領等に関する移行期間中における小学校児童指導要録等の取扱いについて」のうち，小学校及び特別支援学校小学部に関する部分は平成23年3月31日をもって，中学校（中等教育学校の前期課程を含む。以下同じ。）及び特別支援学校中学部に関する部分は平成24年3月31日をもって，高等学校（中等教育学校の後期課程を含む。以下同じ。）及び特別支援学校高等部に関する部分は平成25年3月31日をもって，それぞれ廃止します。

記

1 学習評価の改善に関する基本的な考え方について
(1) 学習評価を通じて，学習指導の在り方を見直すことや個に応じた指導の充実を図ること，学校における教育活動を組織として改善することが重要であること。その上で，新しい学習指導要領の下における学習評価の改善を図っていくためには以下の基本的な考え方に沿って学習評価を行うことが必要であること。
　【1】 きめの細かな指導の充実や児童生徒一人一人の学習の確実な定着を図るため，学習指導要領に示す目標に照らしてその実現状況を評価する，目標に準拠した評価を引き続き着実に実施すること。
　【2】 新しい学習指導要領の趣旨や改善事項等を学習評価において適切に反映すること。
　【3】 学校や設置者の創意工夫を一層生かすこと。
(2) 学習評価における観点については，新しい学習指導要領を踏まえ，「関心・意欲・態度」，「思考・判断・表現」，「技能」及び「知識・理解」に整理し，各教科等の特性

に応じて観点を示している。設置者や学校においては，これに基づく適切な観点を設定する必要があること。
(3) 高等学校における学習評価については，引き続き観点別学習状況の評価を実施し，きめの細かい学習指導と生徒一人一人の学習の確実な定着を図っていく必要があること。
(4) 障害のある児童生徒に係る学習評価の考え方は，障害のない児童生徒に対する学習評価の考え方と基本的に変わるものではないが，児童生徒の障害の状態等を十分理解しつつ，様々な方法を用いて，一人一人の学習状況を一層丁寧に把握することが必要であること。また，特別支援学校については，新しい学習指導要領により個別の指導計画の作成が義務付けられたことを踏まえ，当該計画に基づいて行われた学習の状況や学習の結果の評価を行うことが必要であること。

2 効果的・効率的な学習評価の推進について
(1) 学校や設置者においては，学習評価の妥当性，信頼性等を高めるとともに，教師の負担感の軽減を図るため，国等が示す評価に関する資料を参考にしつつ，評価規準や評価方法の一層の共有や教師の力量の向上等を図り，組織的に学習評価に取り組むことが重要であること。
(2) その際，学習評価に関する情報の適切な管理を図りつつ，情報通信技術の活用により指導要録等に係る事務の改善を検討することも重要であること。なお，法令に基づく文書である指導要録について，書面の作成，保存，送付を情報通信技術を活用して行うことは，現行の制度上も可能であること。
(3) 今後，国においても，評価規準等の評価の参考となる資料を作成することとしているが，都道府県等においても，学習評価に関する研究を進め，学習評価に関する参考となる資料を示すとともに，具体的な事例の収集・提示を行うことが重要であること。

3 小・中学校及び特別支援学校小・中学部の指導要録について
(1) 小学校及び特別支援学校小学部の外国語活動について，設置者において，学習指導要領の目標及び具体的な活動等に沿って評価の観点を設定することとし，文章の記述による評価を行うこと。
(2) 特別活動について，学習指導要領の目標及び特別活動の特質等に沿って，各学校において評価の観点を定めることができるようにすることとし，各活動・学校行事ごとに評価すること。

4 高等学校及び特別支援学校高等部の指導要録について
各教科・科目の評定については，観点別学習状況の評価を引き続き十分踏まえること。

【別紙1】

小学校及び特別支援学校小学部の指導要録に記載する事項等

〔1〕 学籍に関する記録

　学籍に関する記録については，原則として学齢簿の記載に基づき，学年当初及び異動の生じたときに記入する。

1　児童の氏名，性別，生年月日及び現住所

2　保護者の氏名及び現住所

3　入学前の経歴
　小学校及び特別支援学校小学部（以下，「小学校等」という。）に入学するまでの教育又は保育関係の略歴（在籍していた幼稚園，特別支援学校幼稚部，保育所又は認定こども園等の名称及び在籍期間等）を記入する。なお，外国において受けた教育の実情なども記入する。

4　入学・編入学等
　(1)　入学
　　児童が第1学年に入学した年月日を記入する。
　(2)　編入学等
　　第1学年の中途又は第2学年以上の学年に，在外教育施設や外国の学校等から編入学した場合，又は就学義務の猶予・免除の事由の消滅により就学義務が発生した場合について，その年月日，学年及び事由等を記入する。

5　転入学
　他の小学校等から転入学してきた児童について，転入学年月日，転入学年，前に在学していた学校名，所在地及び転入学の事由等を記入する。

6　転学・退学等
　他の小学校等に転学する場合には，転学先の学校が受け入れた日の前日に当たる年月日，転学先の学校名，所在地，転入学年及びその事由等を記入する。また，学校を去った年月日についても併記する。

在外教育施設や外国の学校に入るために退学する場合又は学齢（満15歳に達した日の属する学年の終わり）を超過している児童が退学する場合は，校長が退学を認めた年月日及びその事由等を記入する。

なお，就学義務が猶予・免除される場合又は児童の居所が1年以上不明である場合は，在学しない者として取り扱い，在学しない者と認めた年月日及びその事由等を記入する。

7　卒　　業

校長が卒業を認定した年月日を記入する。

8　進　学　先

進学先の中学校又は特別支援学校中学部の学校名及び所在地を記入する。

9　学校名及び所在地

分校の場合は，本校名及び所在地を記入するとともに，分校名，所在地及び在学した学年を併記する。

10　校長氏名印，学級担任者氏名印

各年度に，校長の氏名，学級担任者の氏名を記入し，それぞれ押印する。（同一年度内に校長又は学級担任者が代わった場合には，その都度後任者の氏名を併記する。）

なお，氏名の記入及び押印については，電子署名（電子署名及び認証業務に関する法律（平成12年法律第102号）第2条第1項に定義する「電子署名」をいう。）を行うことで替えることも可能である。

〔2〕　指導に関する記録

小学校における指導に関する記録については，以下に示す記載することが適当な事項に留意しながら，各教科の学習の記録（観点別学習状況及び評定），外国語活動の記録，総合的な学習の時間の記録，特別活動の記録，行動の記録，総合所見及び指導上参考となる諸事項並びに出欠の記録について学年ごとに作成する。

特別支援学校（視覚障害，聴覚障害，肢体不自由又は病弱）小学部における指導に関する記録については，小学校における指導に関する記録に記載する事項に加えて，自立活動の記録について学年ごとに作成するほか，入学時の障害の状態について作成する。

特別支援学校（知的障害）小学部における指導に関する記録については，各教科の

学習の記録，特別活動の記録，自立活動の記録，行動の記録，総合所見及び指導上参考となる諸事項並びに出欠の記録について学年ごとに作成するほか，入学時の障害の状態について作成する。

特別支援学校小学部に在籍する児童については，個別の指導計画を作成する必要があることから，指導に関する記録を作成するに当たって，個別の指導計画における指導の目標，指導内容等を踏まえた記述となるよう留意する。また，児童の障害の状態等に即して，学校教育法施行規則第130条の規定に基づき各教科の全部若しくは一部について合わせて授業を行った場合又は各教科，道徳，外国語活動，特別活動及び自立活動の全部若しくは一部について合わせて授業を行った場合並びに特別支援学校小学部・中学部学習指導要領（平成21年文部科学省告示第36号）第1章第2節第5の規定（重複障害者等に関する教育課程の取扱い）を適用した場合にあっては，その教育課程や実際の学習状況を考慮し，各教科等を合わせて記録できるようにするなど，必要に応じて様式等を工夫して，その状況を適切に記入する。

特別支援学級に在籍する児童の指導に関する記録については，必要がある場合，特別支援学校小学部の指導要録に準じて作成する。

1　各教科の学習の記録

小学校及び特別支援学校（視覚障害，聴覚障害，肢体不自由又は病弱）小学部における各教科の学習の記録については，観点別学習状況及び評定について記入する。

特別支援学校（知的障害）小学部における各教科の学習の記録については，特別支援学校小学部・中学部学習指導要領に示す小学部の各教科の目標，内容に照らし，具体的に定めた指導内容，実現状況等を文章で記述する。

(1)　**観点別学習状況**

小学校及び特別支援学校（視覚障害，聴覚障害，肢体不自由又は病弱）小学部における観点別学習状況については，小学校学習指導要領（平成20年文部科学省告示第27号）及び特別支援学校小学部・中学部学習指導要領（以下，「小学校学習指導要領等」という。）に示す各教科の目標に照らして，その実現状況を観点ごとに評価し記入する。その際，「十分満足できる」状況と判断されるものをA，「おおむね満足できる」状況と判断されるものをB，「努力を要する」状況と判断されるものをCのように区別して評価を記入する。

小学校及び特別支援学校（視覚障害，聴覚障害，肢体不自由又は病弱）小学部における各教科の評価の観点について，設置者は，小学校学習指導要領等を踏まえ，別紙5を参考に設定する。また，各学校において，観点を追加して記入できるようにする。

(2)　**評　　定**

小学校及び特別支援学校（視覚障害，聴覚障害，肢体不自由又は病弱）小学部における評定については，第3学年以上の各教科の学習の状況について，小学校学習指導要領等に示す各教科の目標に照らして，その実現状況を総括的に評価し記入する。

各教科の評定は，小学校学習指導要領等に示す各教科の目標に照らして，その実現状況を「十分満足できる」状況と判断されるものを3，「おおむね満足できる」状況と判断されるものを2，「努力を要する」状況と判断されるものを1のように区別して評価を記入する。

評定に当たっては，評定は各教科の学習の状況を総括的に評価するものであり，「(1)観点別学習状況」において掲げられた観点は，分析的な評価を行うものとして，各教科の評定を行う場合において基本的な要素となるものであることに十分留意する。その際，評定の適切な決定方法等については，各学校において定める。

2 外国語活動の記録

小学校及び特別支援学校（視覚障害，聴覚障害，肢体不自由又は病弱）小学部における外国語活動の記録については，評価の観点を記入した上で，それらの観点に照らして，児童の学習状況に顕著な事項がある場合にその特徴を記入する等，児童にどのような力が身に付いたかを文章で記述する。

評価の観点については，設置者は，小学校学習指導要領等に示す外国語活動の目標を踏まえ，別紙5を参考に設定する。また，各学校において，観点を追加して記入できるようにする。

3 総合的な学習の時間の記録

小学校及び特別支援学校（視覚障害，聴覚障害，肢体不自由又は病弱）小学部における総合的な学習の時間の記録については，この時間に行った学習活動及び各学校が自ら定めた評価の観点を記入した上で，それらの観点のうち，児童の学習状況に顕著な事項がある場合などにその特徴を記入する等，児童にどのような力が身に付いたかを文章で記述する。

評価の観点については，小学校学習指導要領等に示す総合的な学習の時間の目標を踏まえ，各学校において具体的に定めた目標，内容に基づいて定める。その際，例えば，「よりよく問題を解決する資質や能力」，「学び方やものの考え方」，「主体的，創造的，協同的に取り組む態度」及び「自己の生き方」等と学習指導要領に示す総合的な学習の時間の目標を踏まえて定めたり，「学習方法に関すること」，「自分自身に関すること」及び「他者や社会とのかかわりに関すること」等の視点に沿って各学校において育てようとする資質や能力等を踏まえて定めたりすることが考えられる。また，教

科との関連を明確にし，総合的な学習の時間の学習活動にかかわる「関心・意欲・態度」，「思考・判断・表現」，「技能」及び「知識・理解」等と定めることも考えられる。

4 特別活動の記録

小学校及び特別支援学校（視覚障害，聴覚障害，肢体不自由又は病弱）小学部における特別活動の記録については，各学校が自ら定めた特別活動全体に係る評価の観点を記入した上で，各活動・学校行事ごとに，評価の観点に照らして十分満足できる活動の状況にあると判断される場合に，○印を記入する。

評価の観点については，小学校学習指導要領等に示す特別活動の目標を踏まえ，各学校において別紙5を参考に定める。その際，例えば，「集団の一員としての思考・判断・実践」にかかわる観点について，学校として重点化した内容を踏まえ，育てようとする資質や能力などに即し，より具体的に定めることも考えられる。

特別支援学校（知的障害）小学部における特別活動の記録については，小学校及び特別支援学校（視覚障害，聴覚障害，肢体不自由又は病弱）小学部における特別活動の記録に関する考え方を参考としながら文章で記述する。

5 自立活動の記録

特別支援学校小学部における自立活動の記録については，個別の指導計画を踏まえ，以下の事項等を記入する。
【1】指導の目標，指導内容，指導の結果の概要に関すること
【2】障害の状態等に変化が見られた場合，その状況に関すること
【3】障害の状態を把握するため又は自立活動の成果を評価するために検査を行った場合，その検査結果に関すること

6 行動の記録

小学校及び特別支援学校（視覚障害，聴覚障害，肢体不自由又は病弱）小学部における行動の記録については，各教科，道徳，外国語活動，総合的な学習の時間，特別活動やその他学校生活全体にわたって認められる児童の行動について，設置者は，小学校学習指導要領等の総則及び道徳の目標や内容，内容の取扱いで重点化を図ることとしている事項等を踏まえて示している別紙5を参考にして，項目を適切に設定する。また，各学校において，自らの教育目標に沿って項目を追加できるようにする。

各学校における評価に当たっては，各項目の趣旨に照らして十分満足できる状況にあると判断される場合に，○印を記入する。

特別支援学校（知的障害）小学部における行動の記録については，小学校及び特別

支援学校（視覚障害，聴覚障害，肢体不自由又は病弱）小学部における行動の記録に関する考え方を参考としながら文章で記述する。

7　総合所見及び指導上参考となる諸事項
　　小学校等における総合所見及び指導上参考となる諸事項については，児童の成長の状況を総合的にとらえるため，以下の事項等を文章で記述する。
【1】各教科や外国語活動，総合的な学習の時間の学習に関する所見
【2】特別活動に関する事実及び所見
【3】行動に関する所見
【4】児童の特徴・特技，学校内外におけるボランティア活動など社会奉仕体験活動，表彰を受けた行為や活動，学力について標準化された検査の結果等指導上参考となる諸事項
【5】児童の成長の状況にかかわる総合的な所見
　　記入に際しては，児童の優れている点や長所，進歩の状況などを取り上げることに留意する。ただし，児童の努力を要する点などについても，その後の指導において特に配慮を要するものがあれば記入する。
　　また，学級・学年など集団の中での相対的な位置付けに関する情報も，必要に応じ，記入する。
　　さらに，通級による指導を受けている児童については，通級による指導を受けた学校名，通級による指導の授業時数，指導期間，指導の内容や結果等を記入する。通級による指導の対象となっていない児童生徒で，教育上特別な支援を必要とする場合については，必要に応じ，効果があったと考えられる指導方法や配慮事項を記入する。
　　特別支援学校小学部においては，交流及び共同学習を実施している児童について，その相手先の学校名や学級名，実施期間，実施した内容や成果等を記入する。

8　入学時の障害の状態
　　特別支援学校小学部における入学時の障害の状態について，障害の種類及び程度等を記入する。

9　出欠の記録
　　以下の事項を記入する。
(1)　授業日数
　　児童の属する学年について授業を実施した年間の総日数を記入する。学校保健安全法第20条の規定に基づき，臨時に，学校の全部又は学年の全部の休業を行うこととし

た日数は授業日数には含めない。
　この授業日数は，原則として，同一学年のすべての児童につき同日数とすることが適当である。ただし，転学又は退学等をした児童については，転学のため学校を去った日又は退学等をした日までの授業日数を記入し，転入学又は編入学等をした児童については，転入学又は編入学等をした日以後の授業日数を記入する。

(2) **出席停止・忌引等の日数**
　以下の日数を合算して記入する。
【1】学校教育法第35条による出席停止日数，学校保健安全法第19条による出席停止日数及び感染症の予防及び感染症の患者に対する医療に関する法律第19条，第20条，第26条及び第46条による入院の場合の日数
【2】学校保健安全法第20条により，臨時に学年の中の一部の休業を行った場合の日数
【3】忌引日数
【4】非常変災等児童又は保護者の責任に帰すことのできない事由で欠席した場合などで，校長が出席しなくてもよいと認めた日数
【5】その他教育上特に必要な場合で，校長が出席しなくてもよいと認めた日数

(3) **出席しなければならない日数**
　授業日数から出席停止・忌引等の日数を差し引いた日数を記入する。

(4) **欠席日数**
　出席しなければならない日数のうち病気又はその他の事故で児童が欠席した日数を記入する。

(5) **出席日数**
　出席しなければならない日数から欠席日数を差し引いた日数を記入する。
　なお，学校の教育活動の一環として児童が運動や文化などにかかわる行事等に参加したものと校長が認める場合には，指導要録の出欠の記録においては出席扱いとすることができる。
　また，平成15年5月16日付け15文科初第255号「不登校への対応の在り方について」や平成17年7月6日付け17文科初第437号「不登校児童生徒が自宅においてIT等を活用した学習活動を行った場合の指導要録上の出欠の取扱い等について」に沿って，不登校の児童が適応指導教室等学校外の施設において相談・指導を受け，又は自宅においてIT等を活用した学習活動を行ったとき，そのことが当該児童の学校復帰のために適切であると校長が認める場合には，指導要録の出欠の記録においては出席扱いとすることができる。この場合には，出席日数の内数として出席扱いとした日数並びに児童が通所若しくは入所した学校外の施設名又は自宅においてIT等を活用し

た学習活動によることを記入する。
(6) **備考**
出席停止・忌引等の日数に関する特記事項，欠席理由の主なもの，遅刻，早退等の状況その他の出欠に関する特記事項等を記入する。

【別紙4】

各学校における指導要録の保存，送付等に当たっての配慮事項

1 児童生徒が転学する場合は，学校教育法施行規則第24条第2項に基づいて進学元の校長等から送付を受けた指導要録の抄本又は写しを，同条第3項の規定により転学先の校長へ送付することとされており，この場合において，進学元（小学校にあっては，保育所及び認定こども園を含む。）から送付を受けた指導要録の抄本又は写しについては，進学してきた児童生徒が在学する期間保存すること。

2 配偶者からの暴力の被害者と同居する児童生徒については，転学した児童生徒の指導要録の記述を通じて転学先の学校名や所在地等の情報が配偶者（加害者）に伝わることが懸念される場合がある。
このような特別の事情がある場合には，平成21年7月13日付け21生参学第7号「配偶者からの暴力の被害者の子どもの就学について」に沿って，配偶者からの暴力の被害者と同居する児童生徒の転学先や居住地等の情報については，各地方公共団体の個人情報保護条例等に則り，配偶者暴力相談支援センターや福祉部局等との連携を図りながら，厳重に管理すること。

付録資料　小学校児童指導要録(参考様式)

参考様式

小学校児童指導要録　(参考様式)

様式1（学籍に関する記録）

区分＼学年	1	2	3	4	5	6
学　級						
整理番号						

学　籍　の　記　録

児童	ふりがな		性別		入学・編入学等	平成　年　月　日　第1学年入学 　　　　　　　　　　第　学年編入学
	氏　名					
	生年月日	平成　年　月　日生			転入学	平成　年　月　日　第　学年転入学
	現住所					
保護者	ふりがな				転学・退学等	（平成　年　月　日） 　平成　年　月　日
	氏　名					
	現住所				卒　業	平成　年　月　日
入学前の経歴					進学先	
学校名及び所在地 (分校名・所在地等)						

年　度	平成　年度	平成　年度	平成　年度
区分＼学年	1	2	3
校長氏名印			
学級担任者氏名印			
年　度	平成　年度	平成　年度	平成　年度
区分＼学年	4	5	6
校長氏名印			
学級担任者氏名印			

様式2（指導に関する記録）

児童氏名	学校名	区分＼学年	1	2	3	4	5	6
		学級						
		整理番号						

各教科の学習の記録

Ⅰ 観点別学習状況

教科	観点＼学年	1	2	3	4	5	6
国語	国語への関心・意欲・態度						
	話す・聞く能力						
	書く能力						
	読む能力						
	言語についての知識・理解・技能						
社会	社会的事象への関心・意欲・態度						
	社会的な思考・判断・表現						
	観察・資料活用の技能						
	社会的事象についての知識・理解						
算数	算数への関心・意欲・態度						
	数学的な考え方						
	数量や図形についての技能						
	数量や図形についての知識・理解						
理科	自然事象への関心・意欲・態度						
	科学的な思考・表現						
	観察・実験の技能						
	自然事象についての知識・理解						
生活	生活への関心・意欲・態度						
	活動や体験についての思考・表現						
	身近な環境や自分についての気付き						
音楽	音楽への関心・意欲・態度						
	音楽表現の創意工夫						
	音楽表現の技能						
	鑑賞の能力						
図画工作	造形への関心・意欲・態度						
	発想や構想の能力						
	創造的な技能						
	鑑賞の能力						
家庭	家庭生活への関心・意欲・態度						
	生活を創意工夫する能力						
	生活の技能						
	家庭生活についての知識・理解						
体育	運動や健康・安全への関心・意欲・態度						
	運動や健康・安全についての思考・判断						
	運動の技能						
	健康・安全についての知識・理解						

Ⅱ 評定

学年＼教科	国語	社会	算数	理科	音楽	図画工作	家庭	体育
3								
4								
5								
6								

外国語活動の記録

観点＼学年	5	6
コミュニケーションへの関心・意欲・態度		
外国語への慣れ親しみ		
言語や文化に関する気付き		

総合的な学習の時間の記録

学年	学習活動	観点	評価
3			
4			
5			
6			

特別活動の記録

内容	観点＼学年	1	2	3	4	5	6
学級活動							
児童会活動							
クラブ活動							
学校行事							

児童氏名

行動の記録

項目／学年	1	2	3	4	5	6	項目／学年	1	2	3	4	5	6
基本的な生活習慣							思いやり・協力						
健康・体力の向上							生命尊重・自然愛護						
自主・自律							勤労・奉仕						
責任感							公正・公平						
創意工夫							公共心・公徳心						

総合所見及び指導上参考となる諸事項

第1学年	第4学年
第2学年	第5学年
第3学年	第6学年

出欠の記録

区分／学年	授業日数	出席停止・忌引等の日数	出席しなければならない日数	欠席日数	出席日数	備考
1						
2						
3						
4						
5						
6						

索引

【あ】
アセスメント　21
新しい学力観　40
生きる力（実態調査）　107
逸話記録法　44
内田・クレペリン精神作業検査　159
AAI（教研式学習適応性検査）　147
SET（自己向上支援検査）　149
NRT（集団基準準拠の標準学力検査）　142
エバリュエーション　20
MMPI　172
終わりの評価　71

【か】
開示，閲覧　123
科挙　20
学業不振の診断・指導　147
学習評価及び指導要録の改善等について（通知）　174
学力，学力構造　39，138
学期・学年での評価　75，76
学級経営の評価　103
学級集団アセスメントQ-U　157
学校評価　100
観察法　43
関心・意欲・態度　64
完成法　54
完全習得学習　37
寛大の誤り　48
基準　36
規準　36
技能，知識・理解　65
気分　171
客観性　26
客観テスト　51
教育課程の評価　96
教育資料簿（補助簿）　108
教育測定（測定）　17
教育測定運動　20
教育評価（評価）　16
──の目的　12-14，22
教育評価のサイクル　12
教育評価の手順　22，77
教育目標　38
──の具体化　23
教師自作テスト　50，56
組み合わせ法　52
形成的評価（途中の評価）　38
厳格の誤り　48
行動の評定　89，95
行動描写法　44
行動目標　39
光背効果　48
国際学力調査（PISA，IEA）　106
個人基準準拠評定(個人内評定)　31，37
個別知能検査　132

【さ】
再生形式　57
再認形式　57
作品法　56
CRT（目標基準準拠の標準学力検査）　139
思考・判断・表現　65
事前テスト　67
事前の評価　67
質問紙法　47
指導要録　119
──の指導機能　119
──の証明機能　120
──の法的根拠　129
指導要録（小学校参考様式）　185
指導要録に記載する事項（通知文）　177
指導要録（保存期間，送付）　129，184
社会性検査　156
社会的測定法　156
社会能力検査　156
就学時健康診断　58
集団基準準拠評定（相対評定）　30，37
集団知能検査　134
成就指数（AQ）　146

成就値（AS）　146
情操　171
情緒（情動）　171
処理，表示，資料化　27
資料の活用　34
資料の収集（アセスメント）　24
資料の保存・管理・活用　32
真偽法　51
診断的評価（事前の評価）　38
新入生学力検査　61，148
信頼関係　49
信頼性　26，42
信頼度尺度　49
進路指導テスト（PASカード）　164
スポーツ・テスト　167
性格検査　151
全国調査（知育，徳育，体育）　97-99
前提条件テスト　67
総括的評価（終わりの評価）　38
総合的な学習の時間の評価　81
測定技術　24
標準学力検査　138
測定目標　22，38
　　——の抽出・設定　23
ソシオメトリー　156

【た】

多肢選択法　52
妥当性　25，41
単純再生法　53
チェック・リスト法　44
知能検査　131
知能指数（IQ）　134
知能偏差値（ISS）　135
中心化の誤り　48
調査書　124
通信簿　112
TAT　162
適応性検査　152
適性検査（職業，進路）　163，164

テスト・バッテリー　145，150
テストの作り方・行い方　72
投影法　161
道徳教育の評価　85
道徳性検査　153
道徳的情操　171
読書力診断検査　148
特別活動の評価　92
途中の評価　68

【な】

入学試験　61，62
値ぶみ，点検，反省，改善　10，79

【は】

橋本重治の分類　39
八年研究　20
パフォーマンス・アセスメント　69
PDS・PDCAサイクル　10
評価（値ぶみ，点検，反省）　10，79
標準学力検査　56，138
標準検査（教育・心理検査）　130
評定（評定法）　19
評定尺度法　45
「評定」の移り変わり　127
ブルームらの分類　40
偏差知能指数（D・IQ）　135
方向目標　39
ポートフォリオ・アセスメント　33，57

【ま・や・ら・わ】

面接法　46
目標（Object：O）　11
　　——の具体化総覧　66
　　——の設定　63
目標基準準拠評定（絶対評定）　28，37，80
目標具体化一覧　66
問題場面テスト　55
ルーブリック　49
ロール・シャッハ・テスト　161
論文体テスト　50

石田恒好

■著者略歴
　1932年　島根県邇摩郡波積村（現 江津市）生まれ
　村立波積小学校
　島根県立大田中学校（旧制）
　島根県立大田高等学校（新制 学制改革による）
　東京教育大学（現筑波大学）教育学部教育心理学科
　東京教育大学大学院修士課程教育心理学専攻
　東京教育大学大学院博士課程教育心理学専攻
　文教大学（前身 立正学園女子短期大学，立正女子大学）講師，助教授，教授
　文教大学教育学部長
　文教大学学長
　文教大学学園理事長
　文教大学学園学園長
　瑞宝中綬章受賞

■主な著書
　『新・通信簿』
　『通信簿の文例＆言葉かけ集（小学校低／中／高／中学校）』（編著）
　『評価を上手に生かす先生』
　『新指導要録の解説と実務（小学校／中学校）』（編著）
　『新指導要録の記入例と用語例（小学校／中学校）』（編著）
　『教育評価事典』（監修）ほか多数。
　上記は，いずれも図書文化。

教育評価の原理 評定に基づく真の評価を目指して

2012年8月20日　　初版第1刷発行 ［検印省略］

著　者　Ⓒ石 田 恒 好
発行者　　村 主 典 英
発行所　　株式会社 図書文化社
　　　　　〒112-0012 東京都文京区大塚1-4-15
　　　　　Tel 03-3943-2511　　Fax 03-3943-2519
　　　　　振替　00160-7-67697
　　　　　http://www.toshobunka.co.jp/
装　幀　　中 濱 健 治
印　刷　　株式会社 厚徳社
製　本　　株式会社 厚徳社

Ⓡ本書の全部または一部を無断で複写複製（コピー）することは，著作権法上での例外を除き禁じられています。本書からの複写を希望する場合は，日本複製権センター（03-3401-2382）にご連絡ください。

乱丁・落丁本はお取り替えいたします。
定価はカバーに表示してあります。
ISBN 978-4-8100-2615-3 C3037

教育評価の図書文化による，定評ある決定版
新しい指導要録の解説から記入の実際まで

豊富な記入例付

管理職・指導主事必携

平成22年改訂 新指導要録の解説と実務
【小学校】【中学校】定価各2,520円（本体2,400円）

[編著] 無藤 隆（白梅学園大学教授，要録ワーキング主査）
石田恒好（文教大学学園長）

- ■文科省・指導要録ワーキンググループのメンバー，教育評価の専門家による確かな解説
- ■指導要録理解の基礎となる評価理論をていねいに解説
- ■記入上の判断に迷う特殊事例に関する「質疑応答」や「関係法令」など，豊富な資料を収録

主要目次

第1章 指導要録の基本的性格と取扱い上の注意
 指導要録の基本的性格／指導要録の概要／指導要録の取扱い上の注意／記入上の全般的な注意／指導要録の本人への開示

第2章 学籍に関する記録
 学籍の記録／学校名及び所在地，校長氏名印・学級担任者氏名印

第3章 指導に関する記録
 各教科の学習の記録／小学校「外国語活動」の記録（※小学校編のみ）／総合的な学習の時間の記録／特別活動の記録／行動の記録／総合所見及び指導上参考となる諸事項／出欠の記録

第4章 特別な支援を要する児童生徒の学習評価の在り方

第5章 補助簿・通信簿・内申書
 補助簿／通信簿と指導要録／内申書と指導要録

文部科学省通知全文掲載

学級担任必携

平成22年改訂 新指導要録の記入例と用語例
【小学校】【中学校】定価各1,470円（本体1,400円）

[編著] 無藤 隆（白梅学園大学教授，要録ワーキング主査）
石田恒好（文教大学学園長）
高岡浩二（帝京科学大学教授） ほか

- ■簡にして要を得た指導要録記入の手引き
- ■あらゆる事例を想定した豊富な記入例と用語例
- ■新設小学校「外国語活動の記録」の評価文例を収録
- ■特別な支援を要する児童生徒の記入例・用語例を充実
- ■2色刷原寸記入見本つき

主要目次

第1章 改訂の要旨
第2章 取扱いと記入上の注意
第3章 学籍に関する記録
第4章 各教科の学習の記録
第5章 外国語活動の記録（※小学校編のみ）
第6章 総合的な学習の時間の記録
第7章 特別活動の記録
第8章 行動の記録
第9章 総合所見及び指導上参考となる諸事項
第10章 出欠の記録
第11章 特別な支援を要する児童生徒の記入上の工夫

図書文化 ※定価は税5％を含みます。